Whyを考える！
なぜ
マーケティングの力

池田信寛【著】
Ikeda Nobuhiro

中央経済社

まえがき

　本書は，筆者の前著『Why（なぜ）を考える！　マーケティングの知恵』(2010)の姉妹編です。前著の特徴は，そのまま受け継いでいます。
　例えば，マーケティングを学んで活かせる仕事の紹介，豊富な具体例，できる限り本質にかかわる最小限のキーワードに絞ること，単なる知識（What）ではなく，知恵（Why）を重視し，自ら考える癖をつけること，理論の学び方と使い方を説明することなどです。
　その上で，付け加えた内容が，以下の4点です。

1　学問の関連性を学ぶ

　すべての学問は，相互につながっています。企業経営に関する経済学と経営学そして商学（マーケティング論）も同様です。経済学と経営学そして商学をどう組み合わせると企業経営に活かせるかを学んでいただきたいと思います。
　その意味で，学問的な特徴だけではなく，経済学や経営学，そして，マーケティング論を学べば，どのように仕事に活かせるかについても言及しました。せっかく学ぶ理論ですから，実地に活かせるようにしましょう。
　また，大学でこれらを学ぶ学生だけではなく，大学受験をする高校生や進路指導に携わる高校教員の方々にも参考になるように書きました。進路決定に役立ててください。

2　マーケティングの現場

　第4章から第7章にかけては，マーケティングの仕事にはどのようなものがあり，現場では何が起きているかを詳しく紹介しました。マーケティングの実際を知ることで，マーケティングをきちんと学ぶ手掛かりにしましょう。
　登場人物には，現場の魅力や苦労などを語っていただきました。現場の声が紹介されていますから，読者の方々は，その現場を生き生きと眼に浮かべていただけると思います。将来の仕事の参考にしてください。

3　商品コンセプトの紹介

　本書の後半で，特に注目していただきたいのは，第9章です。ヒット商品のキーワードである「商品コンセプト」を説明しています。その商品コンセプトの具体的内容に踏み込みました。全部で10のカテゴリーがあるのですが，少なくとも1つのキーワードが商品に入っていることが，ヒットの最低必要条件になります。

　商品のコンセプトに日々悩んでいる企業の現場の方にも，きっと参考になる内容だと自負しております。是非ともご活用いただきたいと思います。

4　企業戦略の実際

　商品コンセプトを学んだ後は，実際の企業戦略を分析し，その思考方法を身に付けます。実際に販売されている商品（モノやサービス）を取り上げ，段階を踏みながら，企業戦略の全体を見渡せるように話を進めています。

　マーケティング論に関する類書を読んでいますと，マーケティングに必要な基礎知識について述べられていますが，それらを結集して商品をどうマーケティングしていけばよいのかが書かれていません。いわゆる演習部分の説明がないのです。

　本書では，マーケティング論を中心に，経済学や経営学の知識も取り入れながら，ビジネスの現場で，それらをどう総動員すればよいかを考えます。

　したがって，本書は，マーケティングの専門家でありながら，経済学や経営学にも触れつつ企業戦略を説明するという「冒険」に挑んでいる学者の書いた「叩き台」的な専門書だと言えるでしょう。

　本書が，マーケティングに携わろうとする学生，すでにマーケティングに携わっている方，マーケティングを含めた広い視点から企業経営を見てみたい方のお役に立つことを願っております。

2018年11月

著　者

Whyを考える！
マーケティングの力　*CONTENTS*

まえがき　*i*

第Ⅰ部　企業経営に必要な学問たち

第1章　経済学とは何か ── 2

1. 知識と知恵の歴史 ── 3
   - (1) 荒っぽい解決法／*3*
   - (2) 平和的な解決法／*4*

2. 経済学の登場 ── 5
   - (1) 産業革命／*6*
   - (2) 経済学の中心課題／*6*
   - (3) 需給均衡点へのたどり着き方／*7*
   - (4) ミクロ経済学とマクロ経済学／*10*

3. 市場の連鎖 ── 11
   - (1) 牛肉を売りさばく／*11*
   - (2) 連鎖する市場で行われる市場の調整機能／*12*
   - (3) ノルウェー産のシシャモ／*13*

4. 経済学を学ぶとどんな仕事に就けるか ── 14
   - (1) 資源の配分と分配／*15*
   - (2) 経済学の目で世の中を見る／*15*

第 2 章　経営学とは何か ― 17

1. 規模の拡大 ― 17
2. 規模の経済 ― 19
   - (1) 数量割引／20
   - (2) 経験曲線効果／20
   - (3) 大企業病／21
3. 経営学の登場 ― 24
   - (1) 経営資源に目を配る／24
   - (2) 経営学が必要な企業とは／25
   - (3) 広がる経営学の守備範囲／28
4. 経営学を学ぶとどんな仕事に就けるか ― 28
   - (1) 異なる言語体系／29
   - (2) 経済学と経営学の違い／29
   - (3) 経済学と経営学の出番／30

第 3 章　マーケティング論とは何か ― 31

1. マーケティング論の登場 ― 31
   - (1) 需要を増やす？／31
   - (2) マーケティングの原点／32
2. 企業の外側に目を向ける ― 33
   - (1) 需要戦略／33
   - (2) 競争戦略／34
   - (3) 取引戦略／35
3. 日本ではいつからマーケティングが必要となったか ― 35

(1) 消費社会の登場からバブル景気へ／36
　　　(2) バブル崩壊がマーケティングを登場させた／37

　4　顧客創造 ………………………………… 38
　　　(1) まったく新しい顧客の創造／38
　　　(2) 身近な顧客創造／40

　5　マーケティング論を学ぶと
　　　どんな仕事に就けるか ………………… 42

第II部 マーケティングの実際を知る

第4章 マーケティングの仕事： 46
市場調査と商品企画開発

　1　雑貨商品開発 …………………………… 46
　　　(1) 多岐にわたる商品企画開発の仕事／47
　　　(2) 商品企画開発の流れ／47
　　　(3) 脱臭剤をめぐる会議／49
　　　(4) 美容サンダルの改良／51

　2　市場調査と商品企画開発で
　　　気をつけるべきこと ………………… 54
　　　(1) 自分の常識は他人の非常識
　　　　（自分の非常識は他人の常識）／54
　　　(2) 売れる商品を考える／54
　　　(3) さまざまな市場調査方法／54

| 第5章 | **マーケティングの仕事：** 広告宣伝と広報 | 59 |

    1 大型雑貨小売店の広報 ──────── 59
       (1) 広報の役割／60
       (2) 初めてのヒット商品／62
       (3) 年末商戦へ向けた思い／62
       (4) ますます広がる広報の場／64

    2 広告宣伝および広報の諸特徴 ──────── 64
       (1) さまざまな広告宣伝そして広報の手法／64
       (2) 商品情報と納得／65
       (3) 広告宣伝と広報の違い／66
       (4) 「よい商品」だけでは売れない／66
       (5) 広告らしくない広告／67

    3 検証：聴衆が来ないコンサート ──────── 68
       (1) 商品に魅力がない／68
       (2) 価格が適切ではない／68
       (3) 商品が知られていない or
           十分な情報が与えられていない／69
       (4) 消費者の購買機会がない／69

| 第6章 | **マーケティングの仕事：** 営業と販売 | 71 |

    1 ワン・ストップ・ショッピング ──────── 72
       (1) 市場という人類の大発明／73
       (2) 百貨店の商品が高い理由／75

    2 デパート販売員の1日 ──────── 76

(1)　1日の始まり／77
　　　(2)　最初の来店客への対応／78
　　　(3)　顧客データベース／78
　　　(4)　買う気分はとても大事／79
　　　(5)　ファッションセンスを磨く／79
　　　(6)　フェアの準備と開催／80
　　　(7)　与えられる仕事と創り出す仕事／82

　3　営業や販売の諸特徴 ･･････････････････････････････ 82
　　　(1)　営業や販売は，
　　　　　販売促進（Promotion）戦略の1つ／82
　　　(2)　教訓 ①：
　　　　　常に準備しておくこと／83
　　　(3)　教訓 ②：
　　　　　社会生活で一番大切なものは，信頼・信用／83
　　　(4)　営業と販売の違い／83
　　　(5)　小売業の重要な役割／84

第7章　マーケティングの仕事： ──── 85
バイヤーとマーチャンダイザー

　1　スーパーマーケットの誕生 ･･････････････････････ 85

　2　スーパーマーケット・バイヤーの仕事 ･･････････ 86
　　　(1)　バイヤーは仕入れ担当／86
　　　(2)　メーカーとの交渉／88
　　　(3)　最適な品揃えを目指して／89
　　　(4)　さまざまな市場調査／90
　　　(5)　売り場を作る／91
　　　(6)　常に現場を知る態度／93

　3　バイヤーとしてのセンスを磨く ････････････････ 94

(1) 商品価値が価格よりも高くないと売れない／94
(2) プロに必要とされる資質／95

第Ⅲ部　マーケティング戦略を学ぶ

第8章　マーケティングの基礎知識 ── 98

1　大学の講義がわからない理由 ── 98
(1) 講義だけで"犬"が理解できるか／98
(2) 物事の特徴は比較からでしかわからない／99

2　企業の取引相手となる消費者に関連する用語 ── 102
(1) 欲求と消費者／102
(2) 市場と需要／104
(3) ニーズとウォンツ／105
(4) さまざまな欲求／111

3　消費者と取引する商品に関する用語 ── 112
(1) 商品・財／112
(2) モノとサービス／112
(3) 最寄り品・買回り品・専門品／113
(4) 売れ筋と死に筋／116
(5) PBとNB／117
(6) 多品種少量生産／118
(7) 生産財と消費財／119
(8) モノとサービスを区別する理由／120

4　マーケティングの職種 ── 121
(1) いくつかの企業経営者／122
(2) マーケティング脳が必要なのは誰か／123

5 マーケティングまたはマーケティング戦略とは ……124
- (1) 顧客創造／124
- (2) 消費者（顧客）とどう向き合うか／126
- (3) オーダーメイド／128
- (4) マーケティングの定義／130

6 商品差別化戦略と市場細分化戦略 ……131
- (1) レッドオーシャンとブルーオーシャン／131
- (2) 映画で学ぶ「商品差別化戦略」と「市場細分化戦略」／132

第9章 商品コンセプト：139
ヒット商品の法則

1 快進撃を続けるスタジオアリス ……140
- (1) スタジオアリスの手軽さと驚き／141
- (2) 選択権は客にあり／142
- (3) 大枚をはたいても笑顔／143

2 商品コンセプト：10のカテゴリー ……144
- (1) 手軽さ／144
- (2) 感動と癒し／145
- (3) 安心・安全／146
- (4) 健康／147
- (5) こだわり／148
- (6) つながり／149
- (7) 思い出／149
- (8) 非日常体験／150
- (9) お洒落／152
- (10) 贅沢／154

3　検証：スタジオアリス 155
　　　4　いくつかの例題 156
　　　　⑴　スターバックス／156
　　　　⑵　ハーゲンダッツ／157
　　　　⑶　ハルウララ／158

第10章　マーケティング・ミックスを知ろう： ― 161
売れる商品の4つの必要条件

　　　1　マーケティング・ミックスの考え方 161
　　　　⑴　商品戦略／162
　　　　⑵　価格戦略／163
　　　　⑶　販売促進戦略／164
　　　　⑷　流通経路戦略／165

　　　2　4Ｃの考え方 166
　　　　⑴　顧客価値と顧客問題解決／167
　　　　⑵　コスト／168
　　　　⑶　意思疎通／169
　　　　⑷　利便性／170

　　　3　マーケティング・ミックスの練習：SOYJOY 170
　　　　⑴　Product／Customer Value／
　　　　　　Customer Solution／171
　　　　⑵　Price／Cost／173
　　　　⑶　Promotion／Communication／173
　　　　⑷　Place／Convenience／173

　　　4　マーケティング・ミックスの練習
　　　　：ヘルシア緑茶 174
　　　　⑴　ヘルシア緑茶の概要／175

(2)　黒烏龍茶とカテキン緑茶の概要／179
　5　考慮すべき他の要素 ──────────── 182
　　(1)　商品ライフサイクル／182
　　(2)　成長戦略／183
　　(3)　製品-事業ポートフォリオ・マネジメント／183
　　(4)　マーケティング環境とSWOT分析／184

第11章　東北楽天ゴールデンイーグルスの経営戦略 ── 186

　1　東北楽天ゴールデンイーグルスの戦略 ─── 187
　　(1)　球場の営業権を獲得／187
　　(2)　ターゲットに合わせた各種戦略／190
　　(3)　スピードが大事／193
　　(4)　選手の育成／195

　2　学問的視点からの普遍化 ─────────── 197
　　(1)　経営学と経済学の視点／198
　　(2)　マーケティング論の視点／200

第12章　さまざまな企業戦略 ── 207

　1　横浜ベイスターズの戦略 ─────────── 207
　　(1)　ファン不在のプロ野球経営／208
　　(2)　フロント主導の強化戦略／209
　　(3)　選手の査定の見直し／209
　　(4)　需要戦略／210

　2　花畑牧場の戦略 ───────────────── 212
　　(1)　商品戦略と販売経路戦略／214

　　　　(2) 最初はカチョカヴァロのヒット／215
　　　　(3) ホエーによる養豚／216
　　　　(4) ヒットの法則の「普遍化」／217
　　3　熱海温泉の戦略 ────────────────── 220
　　　　(1) 熱海シーサイドスパ＆リゾートの事例／221
　　　　(2) 熱海聚楽ホテル／224
　　　　(3) 秀花園 湯の花膳／225

あとがき／229

企業（商品）名・人名索引／231

事項索引／233

第 I 部

企業経営に必要な学問たち

　大学では，企業経営に関するさまざまな学問を学びますが，それらをどう関係づけて現場に適用していくかを学ぶ必要があります。第Ⅰ部では，企業経営に特に関連の深い経済学と経営学そしてマーケティング論（商学）を取り上げ，その関係と違いについて考えます。これらを結集して企業の現場に適用してください。

第1章

経済学とは何か

　マーケティングの話をする前に，これと密接に関連している経済学や経営学の話をします。あらゆる学問は，密接につながっていますから，それらの関係や違いを理解した上で学び実践していくことにしましょう。

相互に関連する学問

　企業経営と言えば，一番わかりやすいのは経営学ですが，商品（モノやサービス）を生産したり製造したり仕入れたり販売したりするのは，生活を豊かにしたいからです。

　しかし，生活を豊かにしたいという思いは，はるか昔からあり，その中で多くの学問が開発されてきました。その流れの中で，比較的最近現れたのが近代経済学であり，その次に生まれたのが経営学，そして，100年ほど前に登場したのがマーケティング論です。

　それ以外にもたくさんの学問が関連しています。例えば，多くの商品の開発に大きく関連しているのが科学技術です。いまでは必需品になったスマートフォンにしても，コンピュータ技術や通信技術などの発展のお蔭で，便利な生活が送れるのです。

ビジネスと技術は車の両輪

　科学技術が企業経営に欠かせない理由は，日本経済新聞に技術面があることでわかります。日々，新しい技術が開発されていますが，それらを商品化することによって，企業は新商品を生産し売りに出すことができるからです。2012年にノーベル生理学・医学賞を受賞した京都大学の山中伸弥教授が開発

したiPS細胞にしても，今後，さまざまな再生医療に使用されることで，莫大な利益を生み出すことが期待されています。

　自動車で有名なホンダも，旅客機やロボットの製造に乗り出していますから，これから有力な市場になることでしょう。その意味で，すべての学問は，大なり小なりそれぞれ関連し合っていると言えるでしょう。

1　知識と知恵の歴史

　世界は，どのように動いているのでしょうか？　疑いのないところは，人類の歴史は，貧困との闘いの歴史であることです。私たちは人類の貧困問題をどのように解決してきたのでしょうか。

(1)　荒っぽい解決法

　最初に思いつくものの1つは，戦争です。世界大戦のような大きな戦争から，敷地争いのような紛争まであります。そのような戦争によって私たちは何を獲得しようとしてきたのでしょうか？　その1つが，生活に必要な「資源」です。最低限の生活から満ち足りた衣食住そして遊までに必要なものすべてです。

　資源といってもいろいろなものがあります。現代で必要な資源というと，石油などの化石燃料や社会的インフラを建設するのに必要な鉱材などが挙げられますが，もう少し具体的に「衣・食・住」などの観点から確かめましょう。

　まず「衣」ですが，服は寒さや暑さから身を守って，体温をできるだけ一定にしようとします。転んだ時は，裸の時よりも服で身を守ることができます。ファッション性も大事ですが，服が必要な最初の理由は，暑さ・寒さ・ケガなどからの防御です。衣服の材料になる素材を求めて探し回ったり原材料となる木や蚕などを育てたりします。

　次に「食」はどうでしょうか？　水や食料（植物や動物）を獲得するための道具，例えば，壺や槍などの道具の開発もあります。しかし，住んでいるすべての土地に充分な水や食料があるわけではありません。より簡単に水や食料の得られる肥沃な土地を求めて移動し，時には争います。

　さらに「住」はどうでしょうか？　これも「衣」と同様に，雨風や強い日差

しから身を守るために必要です。より快適な材料や建築方法が生み出されてきました。「土地」という資源も欲しくなります。ここでも快適な「土地＝資源」をめぐって人々は移動し，時に争います。

(2) 平和的な解決法

一方で，平和的な解決法もあります。荒れた土地に住んでいるならば，まず，岩や石を取り除き，耕し，肥料を与え，さらに，悪環境下でも育つ作物の品種改良が行います。ここでは，農学や生物学それに化学などが活かせます。

私たちは，衣食住を確保し，可能ならば豊かにするために，さまざまな学問を生んできました。その背景には，生きるための資源の確保という切実な問題があるのです。言い換えれば，貧困・飢餓・病気からの解放が最初にあり，その上に，満ち足りた生活の構築という思いがあり続けます。

| マズローの欲求階層論 | これらの思いを分類した有名な心理学者に，アブラハム・マズローの「欲求階層論」があります。詳しい説明は省きますが，一番初めに満たされな |

《図表１-１》　マズローの欲求階層論

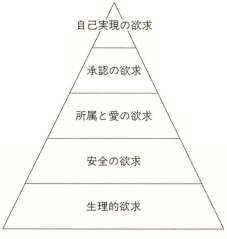

（出所）　中野明著『マズロー心理学入門―人間性心理学の源流を求めて』アルテ，2016

ければならないのが，生理的欲求です。水や食料，睡眠などがそれに当たります。

その上に，安全に暮らしたいという欲求，「衣・食・住」などがあります。また，人間は社会的動物ですから，社会に受け入れられたいという欲求があります。これらの欲求を満たすために私たちは活動しているのです（図表1-1）。

「支配」をめぐる戦い

話はそれますが，資源を確保するための闘いのほかに，見落としてはいけない人間どうしの争いがあります。それは，「支配」です。

ここ10年で自動車の車体が大きくなっているのは，その支配欲の現れですし，デートDVやストーカーも相手を支配したいという欲望です。

社内の権力をめぐって争う「権力闘争」のような出世競争や派閥争いがあります。あるいは，ライバル会社を蹴落とすために，嘘の情報を流したり陥れたりする策略を巡らしたりします。足の引っ張り合いも行われているようです。

横ではなく前を向こう

これらの人たちは，ピーター・ドラッカーの著作を読んで参考にしているコピーライターの糸井重里の言葉を借りれば，「前を向いていない（横を向いてどう人に勝てるかを考えている）」のです（NHK総合「クローズアップ現代　よみがえる"経営の神様"ドラッカー」2010年3月17日）。

ドラッカーが「企業は，社会の道具だ」と言うように，企業にはきちんと前を向いて，経済学や経営学そしてマーケティング論などを有効活用していただきたいものです。

2　経済学の登場

私たちは，生きるのに必要な物資を，できるだけ多く作り多くの人々に届けたいという思いがあり，商品をたくさん作り出せるような工夫をしてきましたし，今もしています。社会的分業もその1つです。

そのために人類が発明したものが，経済活動です。自分の持っているものと，

他人が持っているものを，相互に交換したり売買したりすることで，自分では作ったり獲得したりできない商品を手に入れることができます。

(1) 産業革命

その経済活動に大きな変化が生じたのが，18世紀にイギリスで起こった「産業革命」です。それまでもモノづくりは，「家内制手工業」から「問屋制手工業」そして「工場制手工業」などで行われていました。

そこに，ついに多くの製品を生み出せる「工場制機械工業」が登場したのです。多くの人々が工場に集まり，機械を動かして製品を大量に容易に作れるまでになったのです。現在の私たちがイメージする工場の登場です。

さて，工場制機械工業によって産業革命が開花し，どんどんと商品が生産されるようになりました。しかし，どれだけ作ればいいのかを考えなければいけません。作り過ぎると余ってしまい，原材料費や人件費が無駄になります。そうかと言って，足りなければ物資にありつけない人々が可哀想です。

商品の作り手が利益を得られて，同時に，買い手も欲しい物を欲しいだけ手に入れて満足するにはどうしたら良いのか，そういう問題が生じてきました。そのことを含めて経済活動による豊かさの実現を考え始めたのが，18世紀から登場する近代経済学です。

このころに書かれた経済学の本に，アダム・スミスの『国富論』(1776) があります。経済を発展させて国民が豊かになるには，どうしたら良いのかを考えた初めての本です。それまでの経済学を体系的に結び付けて批判的に論じたアダム・スミスは，「近代経済学の父」と言われています。

(2) 経済学の中心課題

ところで，大学祭では，多くの模擬店が出店されます。その際，皆さんが一番気になることは何ですか？　考えることはいっぱいあります。

暗黙の了解事項になっているかも知れませんが，それは「利益」です。赤字になっても模擬店なら楽しかったと言えるかもしれませんが，それでも，大学祭が終わると，キャンパスのあちらこちらで「今日は〇〇円儲かった」「昨日の売上げはいまひとつ伸びなかった」という声が聞こえてきます。

利益とは，少々乱暴な言い方をすると，売上げから諸経費を引いたものです。売上げを増やそうと思えば，価格を高めに設定したり，いまひとつ品質の劣る安い仕入れ値の商品を買ってきたりすれば可能かも知れませんが，それは売り手あるいは生産者の理屈です。買い手あるいは消費者の理屈で言えば，良い商品を安く買いたいでしょう。

対立する売り手と買い手　売り手と買い手の理屈は真っ向から対立しています。どうすれば，2人とも満足のいく取引ができるのでしょうか？　来客者が買いたくなるような品質と価格はどう決めたら良いでしょうか。加えて，その品質と価格で買ってくれる人数を予測して材料を仕入れないといけません。

アダム・スミスは，その解決法として「神の見えざる手」により，両者が納得する価格と数量に落ち着くと言っています。簡単に言い換えると，「売り手と買い手の交渉に任せて，国は何もするな。放っておけばきちんと行く」ということです。供給（売り手）と需要（買い手）の交渉を通じて，自然と両者が納得できる価格と数量，つまり，需給均衡点にたどり着くと言われています。

市場メカニズムへの信頼　ずいぶん乱暴な話ですが，18世紀半ばの時代背景を見ると，政府が経済発展の舵を切った結果，国の経済が立ち行かなくなったことがあります。売り手と買い手が商品をめぐって自由に競争し交渉すれば，自然と両者が納得の行く結果に落ち着くと説きました。

注意したいのは，商品の価格と数量だけを見ていれば良いのか？　という疑問です。ここで言う価格は，商品の「価値」を「価格」で表しています。その商品がどのくらいの価値があるか判断した結果が「価格」ということです。

(3) 需給均衡点へのたどり着き方

需給曲線や需給均衡点という言葉やグラフに抵抗感を示す学生は，少なくありません。大学の講義では，ここを懇切丁寧に説明する余裕がないのかもしれません。本書では紙面を割いて，できるだけ詳しく具体的に説明しましょう。

企業経営に，なぜ経済学が必要なのかわかって欲しいからです。

相反する売り手と買い手の思い

ここに，キャベツの生産者（売り手）と消費者（買い手）がいると考えてください。経済学では，生産者のことを「供給（者）」といい，消費者のことを「需要（者）」といいます。本章では，供給（者）と需要（者）に統一します。

さて，キャベツの供給者は，収穫までにかかった費用を回収した上で，自分たちの生活に必要なお金を儲ける必要があります。できれば稼いだお金で豊かな暮らしをしたいですから，キャベツは可能な限り高く売りたいと思うのは当然です。高い価格でたくさん売れれば売れるほど，幸せになります（図表1-2右上）。

一方，キャベツの需要者は，どうでしょうか。欲しいものはたくさんあります。しかし，問題が1つあります。多くの需要者にとって，使えるお金には限度があります。使えるお金が限られているのであれば，その範囲内で可能な限りたくさん欲しいものを買いたいと思います。そうするためには，買いたい商品の価格ができる限り安くなることが求められます（図表1-2左上）。

ここで，供給者と需要者の思いが，真っ向から反対になっていることはわかりますか。一方は高く売りたい，他方は安く買いたい，一方の思いを優先させると，他方は損してしまうのです。

キャベツの値段はどう動くか

仮に，キャベツ1玉が1,000円だとしましょう。1,000円でもいいから買いたいという需要者はいるかもしれませんが，極めて少数でしょう。たとえ，買う人がいても，他のキャベツは売れ残ってしまいます。そうなると供給者は，儲けたいお金を手に入れることができません（供給超過：図表1-2下）。

では，キャベツ1玉を50円としてみましょう。需要者にとっては，かなり安いので買いたいと思います。最初は1,000円だったものが50円で手に入る訳ですから，差し引き950円を得したことになり，その分を他の商品の購買に充てられます。他に買える商品が増えたことになります。供給者の立場から見てみる

《図表1-2》 需給曲線と需給均衡点

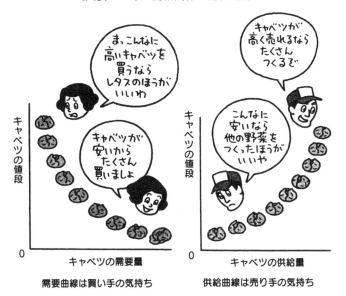

需要曲線は買い手の気持ち　　供給曲線は売り手の気持ち

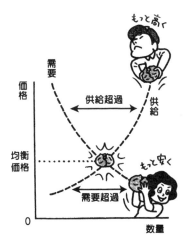

需要と供給が一致した
ところで価格が決まる

（出所）　新井明他編著『経済の考え方がわかる本』岩波ジュニア新書，2005

と，確かに安いのでたくさんの需要者が買いに来ますが，売り切れ続出で買えない人も出て来るでしょう（需要超過：図表 1-2 下）。

しかも，安すぎるために，キャベツの原価（キャベツの生産や流通に要した費用）を割ってしまいます。いくらたくさん売れても，売れるだけ赤字になってしまいます。困りました。そうなると，供給者は，50円では売りたくないと思い，販売しなくなります。そもそも，キャベツを生産せずに他のものを作ったほうが得だと思うでしょう。そうなると，今度は，需要者も困ります。

こうなると，供給者は，もう少し高くなら売ると需要者に言うでしょう。供給者は，できるだけ儲けたいので，少々高い価格を口にします。需要者のほうは，いや，まだその価格なら買わないと言うかもしれません。

そうやって，お互いにキャベツの価格を上げたり下げたりしながら交渉していくうちに，両者が納得する価格に落ち着きます。これが需要と供給の双方が納得して，価格が落ち着いた（均衡した）と言います（現在の日本の相場で言えば，100～300円ほどです）。

「神の見えざる手」が導く最大多数の最大幸福

この仕組みの背後にあるのが，「最大多数の最大幸福」という理念です。一部の供給者や一部の需要者だけが満足するのではなく，できるだけ多くの供給者と需要者が満足する，すると，国全体で満足する人々が最大になる，それが経済学の役割，言い換えると，商品の売買が行われる市場の役割ということになります。

このことを「資源の効率的な配分」がなされたと言います。この「資源の効率的な配分」は，経済学の中心問題です。できるだけ多くの人が最大限の利益を得られるような仕組みを考えるのが経済学の第一の役目だと覚えておいてください。

ですから，企業の生産部門や製造部門にとって，経済学がとても重要になることが理解してもらえるでしょう。経済学も，企業経営学の一部なのです。

(4) ミクロ経済学とマクロ経済学

もう1つ，多くの人々が勘違いしているのは，経済学は，国などの大きなシ

ステムを考える学問で，経営学はもっと小さな個々の企業を扱う学問だ，ということです。間違いではありませんが，まったくの正解でもありません。

アダム・スミスは，個々の企業の動きを集めれば，自動的にそれは国全体の動きに通じると考えていました。ですから，最初は国全体も個々の企業も同じ経済学で説明できると考えたのです。

マクロ経済学の登場　ところが，時代を下ると，個々の企業の動きと国全体の動きに違いが見られるようになりました。そこで，全体の動きを考える学問を，それまでの経済学と区別して「マクロ経済学」(全体の経済学)と呼ぶことにし，そこで初めてそれまでの経済学を「ミクロ経済学」(個々の経済学)と呼ぶことにしたのです。

需給均衡点の現場　先ほど学んだ需給曲線の動きが，はっきりと分かる場所がいくつかあります。それは，市場(いちば)です。日本で最も有名なのは，築地市場ではないでしょうか。「せり」という場面があり，売り手(供給者)と買い手(需要者)が，商品の種類と売値あるいは仕入れ値，そして数量を交渉します。

あるいは，ヤフーなどのオークションでのチケットの売買，証券取引所での株(または証券)の売買(価格と数量の交渉)などもあります。

3　市場の連鎖

上述した市場(いちば)には，魚市場や野菜市場などがあるので，そこまでは想像できると思います。しかし，経済がグローバルに動いている現在，市場(いちば，または，しじょう)はどこにあり，どのように働いているのでしょうか。

(1)　牛肉を売りさばく

ここで，牛肉を例にして，簡単におさらいしましょう。

まず，できるだけ少ない努力で多くのおいしい牛肉を手に入れたいと思います。そこで，品種改良などを通じて，牛肉の質と量の向上を図ります。ここでは，まだ，市場の出番ではありません。

　ところで，牛肉を夕食に食べたい需要者は，牛1頭を丸ごと買うわけにはいきません。牛の一部だけ欲しいのです。そこに登場するのが，市場です。市場には，牛肉を買いたいという需要者がたくさん集まってきます。

　牛肉を買いたいという人が牛1頭分集まれば，そこで牛を解体して部分に分け，需要者に売ります（牛肉を小分けにするという数量の調整）。ここに先ほど説明した需給均衡点を見出すための交渉が行われます。

　牛肉を売りたい，あるいは，買いたいという人で直接，その市場に行けない人たちもいます。その人たちのために代わりとなって価格や数量の交渉をする人たちが，直接の供給者と直接の需要者の間に立つこともあります。そのように間に立つ人のために，市場も複数あり，交渉が何度も行われながら，徐々に最終需要者へと近づいていきます。

　なお，市場が連鎖するということは，それだけ時間もかかり距離もかかります。生鮮食品である牛肉は時間が経つほどに鮮度が落ちてきます。それでは，商品になりません。そこで，牛肉を保存しながら（質の保存〜時間の移動）遠くの街まで運んでいく人が現れます（輸送〜空間の移動）。

　そうやって，遠くのスーパーマーケットまで運ばれた牛肉は，再度，スーパーマーケットの店頭で価格交渉が行われます（実際には，バイヤーという仕入れ係が需要者に代わって，卸売業者などと交渉を行うことが多いです）。

　以上のように，牛肉は，供給者から需要者に届くまで，いくつかの市場を通過して行きます。これが「市場の連鎖」というものです。それぞれの市場ごとに交渉が行われ，需給均衡点が導き出されます。

(2)　連鎖する市場で行われる市場の調整機能

　少々，難しい話になりますが，商品が連鎖する市場を通って行く際に，さまざまな「調整」が行われます。何について「調整」されるかというと，生産者と消費者の間には，「人」「時間」「空間」「質（種類）」「量（数量）」の5つの隔たりがあり，その隔たりをつなげる調整が行われます。

人の調整

例えば，リンゴ農家が作るリンゴのほとんどは，他人，つまり，需要者（最終消費者）のためですが，農家の人に断らずにリンゴを持って行くと犯罪になります。なぜなら，リンゴの所有権はリンゴ農家にあるからです。

　需要者がリンゴを食べたいと思うのであれば，お金を払って農家からリンゴの「所有権」を買う必要があります。つまり「売買」が行われるのです。

時間と空間の調整

お米を例に取れば，お米が獲れるのは年1回ですが，私たちは毎日お米を食べます。ですが，自宅に1年分のお米を保存している家庭は少ないと思います。

　農家は倉庫などに1年分のお米を保存し，適宜，小分けにして出荷します。いわば，家庭の巨大な倉庫になっています。これが保存であり，供給時期と需要時期の間にある「時間の調整」と言います。

　また，生産者や製造者などの供給者がいる場所と，消費者である需要者がいる場所は，たいていの場合，離れています。この距離の問題を解決するのが，供給地と需要地の間にある「空間の調整」です。輸送が行われるのです。

種類と数量の調整

リンゴ農家は，通常，リンゴしか作っていません。稲作農家は，お米を作っています。お菓子のガムやチョコレートも工場で大量生産されています。文房具も文房具メーカーが大量に作っています。すべて種類は異なります。

　でも，スーパーマーケットの店頭では，リンゴもお米もお菓子も文房具も揃っています。まったく別の種類の商品なのに，一堂に集められています。これを「種類の調整」と言います。同時に，店頭には，生産者や製造者で作られる商品の数からすると，小分けにされています。これが「数量の調整」です。

　この2つの調整を行うことを流通用語では「品揃え」と言います。

(3) ノルウェー産のシシャモ

　日本のスーパーマーケットの店頭では，遠く離れたノルウェーで獲れたシ

シシャモが並んでいます。このシシャモを例にとって，今しがた説明した連鎖している市場が，どのようにさまざまな「人・時空間・質量」の「調整（コントロール：制御）」をしているのか，復習がてら考えてみましょう。

- Step 1：ノルウェーで働く漁師は，船で沖に出て大量のシシャモを水揚げします。その後，港に戻り市場に並べます。
- Step 2：市場では，仲卸業者や卸売業者の担当者などが漁師と交渉しながらシシャモの数量と仕入れ値を決めます。その後，シシャモが入った箱を冷凍トラックに積み込み，飛行機などで日本まで輸送します。
- Step 3：東京に到着した冷凍シシャモが市場（例えば，築地市場）に並べられると，スーパーのバイヤーなどが卸売業者などと取引価格と取引数量を交渉し，その後，都内にあるスーパー各店にシシャモが入った箱をいくつかに区分けしながら運んでいきます。
- Step 4：各スーパーでは，ししゃもは，店頭の冷蔵庫にきれいに並べられます。ここでも売買価格が決定されますが，スーパーの売りたい気持ちと来店客の買いたい気持ちが一致するであろう価格を決めます。連鎖する市場の最終段階で，最終的な需給均衡点が導き出されます。
- Step 5：家庭の主婦または主夫は，スーパーまで徒歩や自転車，自動車などで行き，トレイを手に取って自分のカートに入れます。高いと思えば買わないし，安い，あるいは値ごろだと思えば買います。最終的な需給均衡点を決定する段階です。

以上が，市場の連鎖によって，はるか離れた外国から商品が日本の店頭に並ぶ仕組みを概説したものです。スーパーマーケットが，商品を仕入れて販売するという経営にも，経済学が働いていることを実感してください。

4 経済学を学ぶとどんな仕事に就けるか

この章の経済学を経済学部で学んだ学生の就職先を見ると，多岐にわたって

います。一言で言えば，ビジネス関係全般です。加えて，地方公務員や国家公務員もいます。多岐にわたると言えば聞こえはいいですが，バラバラとも言えるかもしれません。しかしながら，これらの仕事に共通した能力を身に付けられるのが，経済学です。

(1) 資源の配分と分配

先ほど，経済学とは「資源の効率的な配分」を中心課題として据える学問だと言いました。もう少し正確に言えば，「（希少）資源の効率的な配分」と「富の平等な分配」の2つの側面があります。

「（希少）資源の効率的な配分」の問題とは，企業経営の視点から見れば，経営資源である「ヒト・モノ・カネ」をどう企業の中で割り当てれば，より効率的で効果的な生産ができるかを考える問題（ミクロ経済学の視点）です。

これらの経営資源を地方経済や国家経済の中で考えて，どの事業にどれだけの「ヒト・モノ・カネ」を割り当てれば，より効率的で効果的な事業を行えるかを考える問題が，マクロ経済学の視点だと言えるでしょう。

一方，「富の平等な分配」とは，企業経営で言えば，その活動を通して得た「富（おもにカネ，あるいは利益）」を，従業員の給料にどのように反映させるか，あるいは株主にどれだけの配当金を出すか，あるいは企業の存続のために将来投資をどのくらい行うのかなどを決定していくことになります。地方経済や国家経済で言えば，例えば，税金で集めた「富（おもにカネ）」を公共事業や福祉などにどう生かすかなどを考えることになります。

(2) 経済学の目で世の中を見る

経済学を学ぶということは，ビジネスの面でも公共事業の面でも，徹底して経済学的思考で解決できるようになるということです。そうすることで，すべての人間活動を経済学の視点から見られるようになり，その中で，「（希少）資源の効率的な配分」と「富の平等な分配」が考えられるということになるのです。

例えば，NHK-Eテレでは，「オイコノミア（経済学）」という番組が放送されましたが，そこでは，就活・スポーツ・ケータイ・貯金・恋愛・結婚・給料・

格差・保険・少子化・人生設計などを経済学視点から解き明かしていました。

なお,「配分」と「分配」の違いですが,「配分」の原語は"allocation"で,「分配」は"distribution"です。単純に,どう分けるかという意味では同じですし,あるいは,何かを生み出す元になるもの,つまり,ヒト・モノ・カネなどの資源の場合は「配分」を使い,それら資源を使って生み出された富の場合は「分配」を使うという理解でも構いません。

《考えてみよう》

Q1　経済学,特にミクロ経済学は,企業経営にどのように活かせるのでしょうか？　また,マクロ経済学は,国家経営と関係がありますか？　ありませんか？　その理由は何ですか？

Q2　資源(モノやサービス)の「人・時空間・質量の制御」の例を挙げてください。

第2章

経営学とは何か？

1 規模の拡大

　イギリスで発生した産業革命とともに書かれたアダム・スミスの『国富論』から100年ほど経った19世紀後半（1800年代後半）から20世紀初頭（1900年代初頭），ドイツやアメリカなどで，経営学が生み出されました。

　なぜ経済学に加えて，経営学が企業に必要になったのでしょうか。例えば，経済学の理論を現場に適用し実践していくと，徐々に利益が増え始めました。そのような状況に置かれたら，あなたはどうしますか？

事業規模の拡大
　儲かった利益の使い方はさまざまですが，多くの経営者は，利益が増加すると，その利益を労働力や設備の増加に充てて，事業を大きくしたいと思います。専門用語では，拡大再生産といいます。

　得た利益を労働者や設備，原材料や部品の増加に充てると，利益はさらに増大し，その増大した利益をさらにまた，労働者や設備，原材料や部品の増大に充てます。これを繰り返すことで，生産量が増加し，企業規模がますます拡大していきます。多くの経営者にとって，事業の拡大は大きな誘惑のようです。

事業拡大への誘惑
　皆さんはご存知でしょうか，タレントの田中義剛氏が社長を務める花畑牧場の「生キャラメル」（写真2-1）。北海道土産で有名な「白い恋人」に

《写真2-1》 花畑牧場の「生キャラメル」

(写真提供) 花畑牧場ホームページより

次ぐヒット商品です。田中社長は，生キャラメルの成功を受け，事業を拡大していきます。

　生キャラメルの種類も，最初は1つだったものを，いまでは10種類ほどに増やしました。これらに加えて，アイスクリームやチーズ，そしてホエー豚肉などの商品ラインアップを増やしていきます。

　商品だけではなく，これら商品の販売店舗も増やしています。一時期，経営不振に陥ったと噂されましたが，現在は順調に売上げを伸ばしているようです。

| ほとんどの企業は中小企業 |

　すべての企業は，零細企業から始まり，その中から事業規模を大きくして中小企業になるものが出てきます。零細企業のままであったり，中小企業のまま経営を続ける場合があったりしますが，さらに規模を拡大して大企業に成長させる人もいます。

　ちなみに，2017年版の『中小企業白書』によれば，大企業と呼ばれる会社は，全体の0.3％で，中小企業は，残りの99.7％となっています。日本の経済を支えているほとんどの企業は，中小規模なのです。

また，世にそれほど名が知られていなくても，好業績を上げている中小企業も多く，そのような企業にも目を向けるといろいろと見えてくるものがあります。

すべては中小零細企業からの出発

皆さんが知っているスターバックスも，初めはアメリカのシアトルという街で出した１軒の店から始まっています。ユニクロも最初は小さな１店舗だけでした。コンビニのセブン-イレブンも同じく最初は１店舗でした。

これまでもたくさんの企業が生まれ育ち，いまも新しい企業が生まれ，そして，これからも生まれ続けるでしょう。

企業規模より事業承継を

そして，変化の激しい現代社会では，一度成功した企業でもあっという間に失敗することも多くなります。しかし，「ピンチはチャンス」です。イノベーションを生み続ける企業は成功し続けます。そのため，「事業承継」という言葉も大事になって来ています。

実は，100年から200年続いている企業数は，日本が世界でもっとも多いそうです。大企業ばかりに目を向けるのではなく，これから成長していくベンチャー企業や，一般的にはそれほど知られていない100年から200年も続いている企業にも目を向けましょう。さらに，自分で起業するという道もあります。

2 規模の経済

なぜ私たちは事業規模の拡大を目指すのでしょうか。それは，規模が大きくなると，「規模の経済」という法則が働いて，コスト削減に効果があるからです。

「規模の経済」とは，商品をたくさん作るほど製造費用（コスト）が下がり，結果的に，販売価格を下げられるので，多くの消費者が安い商品に流れていき，最終的に売上げと利益が多くなるという法則です。

このことを自動車を例に説明してみましょう。

(1) 数量割引

数量割引というのは，たくさん買うほど，商品の価格が下がるという法則です。なぜ，価格が下がるのか，それは，商品を作ったり売ったりする人たちのことを考えるとわかります。

もし，あなたが傘を100本作り，それを売ろうとします。作った傘の売値を3,000円とします。もし，2本しか売れなければ，大損をします。だからと言って，元を取るために値段を数万円から十数万円に設定すると売れません。

そこに，極端な話ですが，100本全部を買おうという人が現れたとします。そして，全部買うから1本2,780円にしてくれと言われたら，あなたはどうしますか。多くの場合は，売るでしょう。なぜなら，その価格で売っても，まだ利益が出るからです。

この仕組みを「数量割引」と呼びます。「多くの数量を買うのであれば値下げする」という理屈です。自動車会社で考えれば，車の部品を数量割引で仕入れれば，安く仕入れた分を自動車の販売価格に反映できます。それだけ安い自動車が製造され，その安さに惹かれた消費者がどんどん買って行きます。たくさん作れば作るほど数量割引の交渉ができるので，結果的に規模の経済が働くというわけです。他社との価格での差別化を図ることができるのです。

(2) 経験曲線効果

工場で働く人たちの人件費も安くすることができます。例えば，自動車1台作る際に1人を雇うとします。その人は，自動車のことなら何から何まで知っている熟練工ですから，自動車を1台作ろうと思えばきちんと作ります。

ただ，問題点は，そのような熟練工はなかなかいませんから，いろいろなメーカーから引っ張りだこです。給料を高くしなければ，来てくれません。

一般的に熟練工の時給は1,500円～4,000円ですが，熟練工ですから，時給を仮に2,000円としましょう。一般的に，熟練工が1人で自動車1台作るのに，延べ1,000時間必要です。すると，1台作るのに200万円の人件費が必要となります（2,000円×1,000時間＝200万円）。この場合，部品代や利益を入れていませんので，定価は200万円以上になります。

| 作業工程の分割 |

　一方，部品の組み立て作業を細かに分割すると，1つひとつは少しの訓練でできるようになります。それほどの熟練工でなくとも，作業に習熟することができるようになります。すると，比較的安い賃金で雇うことができますから，人件費を抑えることができます。

　一般的に流れ作業で自動車1台作るのに10時間かかると言われています。ここに時給860円のアルバイトを100人雇います（延べ10×100＝1,000時間となり熟練工と同じ時間が掛かります）。そうすると，10時間×100人×860円＝86万円になります。熟練工を雇うよりも114万円の人件費削減になります。部品代や利益を上乗せしても，熟練工が作った200万円以上する自動車よりもはるかに安い価格で販売できます。

| 生産量の増加と
経験曲線 |

　さらに，生産量にも大きな開きが生じます。工場制機械工業の場合，1つの作業にかかる時間を1分と仮定すると，流れ作業ですから1分ごとに自動車が完成します。1時間で60台，1日8時間で480台です。これが，「工場制機械工業」の強みです。

　一方，熟練工が1台の自動車を作る「家内制手工業」「問屋制手工業」「工場制手工業」などの「手工業」では，125日もかかります（1,000時間÷8時間/日）。工場制機械工業と同じだけの生産量を確保しようとすれば，とてつもなく大人数の熟練工を雇わなければならず，現実的ではありません。

　このように，工員が作業に習熟していくほどに生産量が増加し，同時に，生産コストが下がる様子を「経験曲線」（図表2-1）として表すことができます。

　ここだけ見ても，部品を規格化し，作業過程を細かく分割し，流れ作業で行えるようにすると，自動車が安く量産できます。まさに「規模の経済」が働いたことになります。大量生産のメリットです。

(3) 大企業病

　しかし，メリットばかりではありません。現場で働く人々と経営戦略を決定するトップの間に，たくさんの人が関わるようになります。

《図表2-1》 経験曲線

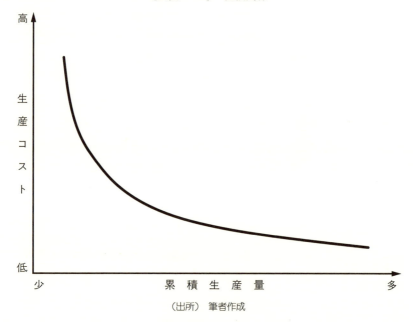

（出所）筆者作成

　例えば，平社員の上には，係長，課長，部長など多くの管理職がいて，それら全部の承認を得ないと企業は動けません。一方，このような縦の指揮系統だけではなく，横の連絡もつながりにくいという点も指摘できます。

　例えば，商品企画開発部が針なしホチキスの販売戦略を立てたとしましょう。これまでのホチキスは金属の針を使わねばならず，リサイクルに出すにしろシュレッダーで細かく裁断するにしろ，針を取り除かねばならず，その分，手間が要ります。針の代金も必要です。

　その問題を解決するのが，この針なしホチキスです（**写真2-2**）。画期的な商品ですから売れる可能性は大です。問題は，この商品の販売には，他の部署の協力が不可欠だということです。

部署をまたぐ意思疎通

　広告宣伝や広報には，広告宣伝や広報を担当している部署の協力を仰がねばなりません。この商品が，いかに画期的な商品であるかを効果的に宣

《写真2-2》 コクヨの針なしステイプラー「ハリナックス」

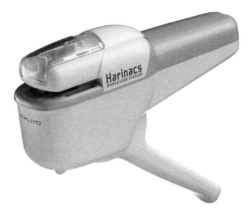

(写真提供) コクヨ

伝するには，この部署が商品企画開発部の意図を十分に理解する必要があります。

また，この商品を店頭に並べてもらえるよう，小売店を説得する必要もあります。それを担当する営業の数が少なければ，他の部署から人員を回すか，新規に採用しないといけません。

そこで，経理や財務といった部署には，広告宣伝や営業への所要資金を理解してもらう必要があります。商品企画開発部は，針なしホチキスがいかに画期的か，そして，どれだけの売上げが見込めるかを十分に説明して資金を獲得しなければなりません。

| 求められる意思決定の迅速さ |

問題は，従業員が数十名から数百名，数千名となると，物理的に各部署が離れてしまうので，すべての従業員と十分な意思疎通ができなくなることです。

このように，1つの販売戦略を立案してから実行に移すまで，相当な時間がかかるため，消費者の変化のスピードについていけなくなり，販売機会を逃してしまいます。特に現代では，商品の安さだけではなく商品化のスピードも求

められるので、大企業はそれだけ難しい問題を抱えていると言えます。

3 経営学の登場

経済学の理論に沿って生産活動を行うと利益が増加します。そして、多くの企業家は、事業を拡大しようとします。人（ヒト）が増え、原材料や設備（モノ）が増え、それらに注ぎ込むお金（カネ）も増えます。この3つの要素（「経営資源」と呼びます）がどんどんと大きくなってくるのです。

(1) 経営資源に目を配る

産業革命における工場制機械工業では、ヒトもモノもカネもそれまでと比較にならないほど多くなります。そのため経営者は、従来のようにはすべての物事に目を行き届かせにくくなります。そこで考え出されたのが経営学です。

これらの3つの経営資源をどのように管理（コントロール）すれば、最大の利益が出るかについて考えられたのが経営学の始まりです。

現在の大学では、この3つの要素の管理論を中心に学びます。例えば、ヒトの問題ですが、労務管理論や人事管理論など、最近では人的資源管理論とも呼ばれている研究で、従業員の教育や動機づけなどが問題とされます。

モノの問題では、原材料の仕入れをいつどのくらいすれば良いか、を考える購買管理論や生産計画を立てる生産管理論などが役に立ちます。カネの場合、企業の中で動く資金の流れを客観的で正確に把握する必要があるので、会計学や財務論などが必要とされます。

余談になりますが、これらの管理論を導入した代表的な例は、フレデリック・テイラーが唱えたテイラー・システムとヘンリー・フォードの行った生産管理で生み出されたT型フォードでしょう（**写真2-3**）。

この方式では、作業の流れを細かく分割し、それぞれの作業は熟練の必要は少なく、安い賃金で働く労働者を集めることで成功しました。部品も規格化され、流れ作業で組み立てられていきます。そうすることで、人々は、安い賃金で稼いだ給料で、低価格の車を手に入れられたのです。

ただし、このT型フォードはよく売れましたが、そのうち、売れなくなりま

《写真2-3》 代表的なT型フォードの自動車

（写真提供） トヨタ博物館

した。なぜでしょうか。それは，生活が豊かになるにつれ，自動車に求められる機能などが高度化し多様化したことが理由の第1です。

その変化に対応したのが，GM（General Motors）社が売り出した多様な自動車です。GMの自動車は，大衆車から高級車までのラインナップを取り揃えました。また，デザインや色，素材までさまざまな種類の自動車があったので，T型フォードに飽き足らない人々の目には，魅力的に映ったのでした。

GMは，今でいうマーケティングを活用したのです。そして，現在では，少品種大量生産に代わって，多品種少量生産ができるようなシステムになってきています。これについては，次章で詳しくお話しします。

(2) 経営学が必要な企業とは

ところで，経営学が必要なのは大企業だけであって，中小企業は関係ないのでしょうか。いいえ，そんなことはありません。前章で紹介したピーター・ドラッカーについて特集したNHK総合テレビの「クローズアップ現代　よみがえる"経営の神様"ドラッカー」（2010年3月17日）では，中小企業どころか，零細企業だけでなくゲーム仲間の例もいくつか出てきます。

小集団にも経営学を

例えば，『もし高校野球の女子マネージャーがドラッカーの『マネジメント』を読んだら』の著者，岩崎夏海さんは，かつて熱中していた自分の趣味の世界のことを思い出します。インターネット上で行うオンライン・ゲームの話です。

そのゲームでは，岩崎さんがリーダーとなり，敵を倒すために見知らぬ人たちとチームになります。しかし，グループのまとまりはなく，ゲームどころではありませんでした。ゲームの時間に遅れたり，お互いのミスを批判したりする喧嘩ばかりのチームで，チーム内の人間関係は悪化の一途をたどったのです。

そんな時，岩崎さんはドラッカーの著書『マネジメント』に出会います。そこには，「人は問題を起こす，費用であり，脅威である。しかし，人こそ最大の資産である」と書かれていました。そこで，問題を起こす人たちを邪魔者扱いせず，メンバーから外さずに，反対にメンバーの強みに注目してみました。

目立ちたがりの問題児には，その積極性に目を付けて，敵陣に乗り込む切り込み隊長を任命し，存在感のない無口なメンバーは，約束の時間をきちんと守る真面目さがあったので，サブ・リーダーに抜擢しました。その結果，他のメンバーはやる気になりチームの力を最大限に発揮できるようになりました。

強みを生かす

他にも例があります。大阪で，玄米と有機野菜の食事を提供するレストランの経営に当たる大塚三紀子さんの話です。開店当初はうまく行っていましたが，軌道に乗って規模を拡張するようになると問題が出てきました。

従業員たちが自分の考えるように動いてくれない，どうしたら思いを共有してくれるのか，1人ひとり時間をかけて説得しても切りがない，たとえ説得できても辞めてしまう，そんな悩みを抱えていました。

そんな時，ドラッカーの『経営者の条件』を読んでみたところ，「強みを基準に据える。組織とは人間の弱みを中和し，同時に人間の強みを成果に結びつけるための，特殊な道具である」と書かれており，それを実行してみました。

例えば，休みがちで仕事に穴をあける従業員は頭痛の種でしたが，その人のお客をつかむ能力がとても高いことに気づき，そこに注目して接するようにし

てみました。すると、その人はよく動くようになり、大塚さんも仕事が楽になったと言います。

　人の長所を見つけて活かすことで、従業員間の弱点を補うようにした結果でした。その後も、大塚さんは、従業員の長所を探し出しては褒めるようにしました。職場の雰囲気は徐々に変わったとのことです。

よい組織の条件

　この番組の中で、ドラッカーが挙げた「よい組織の条件」というものが3つあります。1つ目は、従業員は会社から敬意を払われているか。2つ目は、仕事上の能力を高めようと思ったとき、会社は応援してくれるか。最後の3つ目は、従業員が貢献していることを会社は知っているか、です。就職活動などで、これら3つの質問をしてみてはいかがでしょうか。

求められる人間的な労働環境

　労働環境という話に関して言えば、余談ですが、俳優・映画監督として有名な"喜劇王"チャールズ・チャップリンは、工場で管理されて働く労働

《写真2-4》　映画『モダン・タイムス』の一場面

©Roy Export S.A.S

者が直面する非人間的な仕事を風刺した『モダン・タイムス』という映画を作り，より人間的な労働環境を訴えました（**写真2-4**）。皆さんの職場は，大丈夫でしょうか？

(3) 広がる経営学の守備範囲

また，脱工業社会では，モノの消費だけではなくコト（体験・経験）の消費が重要になってきました。コトというのは，「無体財（サービス）」と呼ばれます。例えば，DVDを買えば「モノ」，借りれば「サービス」です。ここでいう「サービス」は「タダ（無料）」という意味ではありません。

お金に関しても，例えば，財務課が資金調達しようとすれば，日々刻々とグローバル・レベルで変化する株式や為替に気を配らないといけません。

最近では「デリバティブ」という金融取引も行われており，数学を駆使した金融工学という学問分野も登場しています。ですから，これらも学ぶ必要があります。

情報の場合も，いまは大量のデータ，いわゆる「ビッグ・データ」を扱う必要があり，これには，統計分析などの知識が必要となります。この統計分析を専門とするデータ・サイエンティストという職種も登場してきました。

これらの問題にも，経営学は，果敢に挑戦し解決していかねばいけません。

4 経営学を学ぶとどんな仕事に就けるか

この章でも，第1章と同様に，経営学を学べば，どのような仕事に就けるかを考えてみましょう。

もし，可能なら，希望する大学や所属する大学の卒業生が，どのような業界に行き，どのような仕事をしているかを調べてみてください。おそらく，経済学を学んだ学生と同じように，多種多様な仕事に従事していることがわかると思います。では，経済学ではなく，経営学を学ぶ意味は，どこにあるのでしょうか。

(1) 異なる言語体系

それは，経済学では特有の専門用語と思考体系がありますが，それとは別に，経営学では，より現場に近い言葉で，企業や組織の経営や運営を説明しているということができます。経済学とは別の言語世界を持っているのです。

先ほど，経営資源「ヒト・モノ・カネ」という言葉が出てきましたが，経営学は，企業や組織の内部にあるこれらの資源をどう活用し管理するかという問題意識から出発しています。

製造業であれば，原材料や生産設備などの「モノ」をどう購入して（仕入れて），どう計画的生産をすべきか考えないといけませんし，多くの「カネ」が出て行ったり入ってきたりするので，それらをきちんと把握し，何にどれだけお金がかかっているのか，および何にどれだけのお金が必要かを考えないといけません。

工場で働く人たちや事務に従事する従業員には，効率的かつ効果的に働いてもらう必要があります。人間には心があり，また，能力の向き・不向きもあるので，気持ちよく生産性を上げられる職場づくりも重要です。

もちろん，製造業だけではなく，農林水産業の第1次産業や，飲食や旅行，医療福祉や教育などの第3次産業，いわゆるサービス産業にも経営資源は存在しますから，これらの仕事にも経営学は適用可能です。

加えて，非営利組織（NPO "Non-Profit Organization"）や非政府組織（NGO "Non-Governmental Organization"）などにも経営学は応用可能でしょう。

(2) 経済学と経営学の違い

「国家経営」とか「国家（経営）戦略」という言葉を聞いたことはあると思います。話を「国家」まで広げなくとも，「地方行政」や「地方公共団体」にも適用可能なのが経営学です。

経営資源という言葉を思い出してほしいのですが，地方公共団体にしろ国家にしろ，一般の企業や組織と同様に「ヒト・モノ・カネ」を持っています。それらの経営資源をどう管理し動かしていくかも経営学の問題です。

経営学を学べばどのような部署で役立てることができるのかと言えば、総務部・法務部・人事部・経理部・財務部・技術研究部・生産製造部などが挙げられます（「部」ではなく「課」のところもあります）。もちろん、これは、一般的な部署なので、就活する際は、当該企業や組織に問い合わせるなり、調べるなりしてください。

(3) 経済学と経営学の出番

最後に、2点ほど、経営学を学ぶ上での注意点を述べます。

先ほど、企業規模が大きくなると経営学の出番だと説明しましたが、実際的なことを言うと、経営資源であるヒト・モノ・カネの動きに「目が届きにくくなった時」が経営学の出番です。

そう考えると、極端な場合、経営者が1人でも経営学が必要になると言えるでしょう。複雑化し変化が激しくなる経済社会環境にあって、経営に携わるすべての人々に経営学が必要となります。

もう1点。経営資源という言葉を本章では学びましたが、この「資源」という言葉に注意すると、経済学との関係が見えてきませんか。そうです、経済学は、「（希少）資源の効率的な配分」を考える学問でした。

その延長線でいうと、企業や組織の経営や運営においても、ヒト・モノ・カネという資源をどう効率よく各部門に配分すればよいか考えられますね。ここでも、経済学と経営学は関係しているのです。

―――《考えてみよう》―――
Q3 経営学は、何を解決しようとしているのか？
Q4 経営学を適用できるのは、国家？ それとも企業？
（参考） 経済政策という言葉がある一方で、国家戦略という言葉もあります。

第3章
マーケティング論とは何か

　経済学と経営学を駆使して企業を経営すれば，それで十分なはずでした。ところが，新たな問題がアメリカで発生します。なんと，それまで売れていた商品が売れなくなってしまったのです。企業は，これまで増産に増産を重ねてきて，商品は作れば作るだけ売れたので困りました。原因は，どこにあるのでしょうか？

1　マーケティング論の登場

　ヨーロッパから移住してきたあなたが住んでいるアメリカの町に，クリーニング店が1つだけあるとします。どんどん移民が増えていきますから，クリーニングの需要は大きくなるに違いありません。その人口増を見込んで，町に1つあるクリーニング店は，人や機械を増やして規模を拡大していくでしょう。
　商売繁盛で願ったりかなったりですが，ある時から，町の人口は増えなくなります。町が収容できる人口に限界が来たため，新しく来た移民たちは，未開拓地を目指して他の場所へ移動し，そこにまた町を作り始めるからです。
　そうなると，お客の増加を見込んで雇った従業員や購入した設備がフル稼働せず，無駄になります。それを回避するために，何としてでもクリーニングする量を増加しなければなりません。皆さんならどうするでしょうか。

(1)　需要を増やす？

　それは，クリーニングの需要を増やすことです。どうするのでしょうか。
　まず，まだクリーニング店を利用したことがない人を探し出し，その人たち

に汚れた服などを洗ってみないかと勧誘することです。自宅で洗濯する人たちはたくさんいますから，その人たちにクリーニング店の利用を促すのです。

　促し方にもいくつかあります。1つは，クリーニングの価値を知らない人にその価値を知ってもらうために広告宣伝をすることです。チラシを各家庭に配ったり，街角にポスターなどを張り出したりするのも効果的です。そのチラシやポスターに，洗濯のプロ，クリーニング店に洗濯を任せれば，落ちにくかった汚れも落ちます，とクリーニングの効果を訴えるのです。

　もっと積極的な方法があります。それは，「御用聞き」や「営業」です。「外回り」という言葉もあります。広告宣伝だけでは，興味を示しても行動にまでは移さない人たちがいますから，そうした人たちの家を一軒一軒回って，自宅での洗濯をクリーニングのプロに任せてみないかと勧誘して回るのです。

　他にもあります。例えば，週1回クリーニング店を利用する人に，週2回利用してもらえるようにすることです。その人たちに値引きを試みたりすれば，それをお得に感じて来店する人が増えるかもしれません。

　商圏を拡大するという方法もあります。クリーニング店がある町だけではなく，近辺の他の町からも注文を得る方法です。周囲の町からの注文が入れば，クリーニング量は増えるだろうと考えられます。商圏を拡大するという観点では，クリーニング店の支店を各地に作るという解決方法もあります。

(2) マーケティングの原点

　このように，洗濯技術を磨いたり，広告宣伝を行ったり，営業を行ったり，お店を増やしたり（流通経路の拡大による商圏の拡大）することから始まったのが，マーケティングの原点でした。少し固い言葉で言えば，供給に見合う需要を見つけたり生み出したりすることでした。

　そして，最終的な発想の転換が行われました。需要を増やすために「作った商品を売れ！」ではなく「売れる商品を作れ！」というわけです。「はじめに商品ありき」ではなく「はじめに消費者あるいは顧客ありき」の発想転換でした。

　売れる商品を作るためには，まず，需要を予測する必要があります。市場調査またはマーケット・リサーチを通して，わが社の商品を買いたい消費者はどのくらいいるのか，どんなものを欲しがっているのかなどを調べることから始

めます。そして，その調査結果に基づいて商品の生産計画を立てます。そうすることで，適正な生産数量が可能となります。

もちろん，それまでの販売店舗の拡充や広告宣伝，そして，営業や販売の強化が要らなくなったわけではありません。顧客の立場から考えることを出発点として，これらの手法を管理していくということです。いうなれば，それまでの経営学が生産者側の論理で語られていたものが，消費者（顧客）側の論理を最優先する「顧客目線の経営学」「顧客志向の経営学」「顧客始点の経営学」などへと変化したものだと言えるでしょう。

2 企業の外側に目を向ける

ここまでの経済学や経営学で問題になったのは，すべて企業内部の話です。もちろん，従業員をどう労働市場から調達するか，資金をどこから調達するかという問題はあり，企業の外への目配りもありましたが，基本的には，経営者の目は企業内部に向けられていたのでした。

(1) 需要戦略

GMが行ったのは，視点の転換でした。大量生産に多くの経営者が集中していた時に，その企業内部に向けていた目を，企業の外に向けたのは画期的なことでした（これを「需要戦略」と言います）。その代表が，消費者の存在です。

もちろん，消費者が突然現れたわけではありません。交換や取引が行われていたはるか昔から生産者と消費者はいました。ただ，モノが欠乏していた時代ですから，消費者の存在を特に考えなくとも，作れば基本的に売れたのです。

実は，欲しい商品は，生産者側も知っていました。基本的な機能や性能がきちんと備えられていれば，消費者は満足すると知っていたのです。例えば，50年ほど近くも前に売りに出された黒電話が，そのよい例です（**写真3-1**）。

当時の日本人にとって，通話ができるという機能だけを電話に求めていました。色やデザインのバリエーション，留守番電話機能などは，なくても十分に満足できたのでした。言ってみれば，素朴な欲求の時代だったと言えます。

しかし，今は世の中が豊かになり，電話だけを取り上げてみても，単に通話

《写真3-1》 黒電話（600型自動式卓上電話機）

（写真提供）NTTグループ

できるだけでは，もう売れません。企業の商品企画開発者も消費者なのだから，消費者が何を求めているかわかるのではないか，と言う人がいますが，「十人十色」「蓼（たで）食う虫も好き好き（すきずき）」という諺にあるように，すべての消費者が何を求めているかを分かるのは，至難の業なのです。

経営者が企業の外へ目を向けるようになったというのは，時代の要請でもあり，それを敏感に感じ取った経営者の力と言えるでしょう。

(2) 競争戦略

他にも経営者が企業の外へ目を向けたものがあります。それは，競争相手です（これを「競争戦略」と言います）。人々の所得が上がり購買力が増加し続けるうちは，競争相手のことは，それほど気になりません。日本国内だけ見ても，消費者の購買力が絶対的に増加しているのであれば，基本的には，作れば売れたのです（市場をパイに喩えて，パイが広がり続ける，という表現があります）。

モノ不足の時代，家には，洗濯機も冷蔵庫もエアコンもテレビもラジオも自動車も何もないわけですから，商品は店頭に置く端から売れて行ったのです。

現代は違います。市場は飽和しており，高い成長率は望めません。さまざまな商品が各家庭に行き渡っていますから，新しく何かを買おうというような商

品はなかなかありません。そのような中で企業が業績を上げようとするならば，他社の顧客を奪い合うことが中心になります（市場のパイの取り合いとも言います）。競争が激化する中，ますます競争戦略の重要性が増しています。

(3) 取引戦略

例えば，ミネラル・ウォーターを製造している企業を思い浮かべてください。その飲料メーカーは，どこからそのミネラル・ウォーターを仕入れているのでしょうか。水源から自然のミネラル・ウォーターを採取してくるのです。そして，工場でペットボトルに詰め，ラベルを貼り製品化します。

ペットボトルにしてもラベルにしても，自家製ではなく，ボトルの製造業者やラベルを製作する印刷業者から仕入れます。ミネラル・ウォーターをペットボトル詰めする機械も自前ではありません。製作機械メーカーから購入します。

ペットボトルは10本とか12本とかにまとめられて箱詰めされます。そして，卸売業者まで輸送します。輸送には，自社トラックを持っていて使う企業もありますが，多くは，グループ企業や独立企業の運輸業者に依頼します。

小売店では，箱からペットボトルを取り出し，多くの場合，1本ずつ売ることになります。メーカーの営業は，できるだけそのミネラル・ウォーターを小売店に売って欲しいので，店内の目立つ棚の上や，店内にPOP（Point Of Purchase「購買時点」）広告を出してもらう販売努力をお願いします。

他にも，テレビやラジオなどのマスメディアで広告を打つために広告会社の協力が必要です。また，自己資金だけですぐにすべて賄えるとは限らないので，銀行などの金融機関の協力も必要となります。

このように，協力企業と取引仲間になることを「取引戦略」と言います。以上をまとめたのが，次頁の図表3-1になります。

3 日本ではいつからマーケティングが必要となったか

1960年代〜1970年代のいわゆる高度経済成長の日本では，「作ったものを売れ！」という考え方が主流でした。商品をどんどん生産してどんどん売り，消費者もどんどん商品を買って豊かになろうと頑張っていた時代です。

《図表3-1》 需要戦略・競争戦略・取引戦略

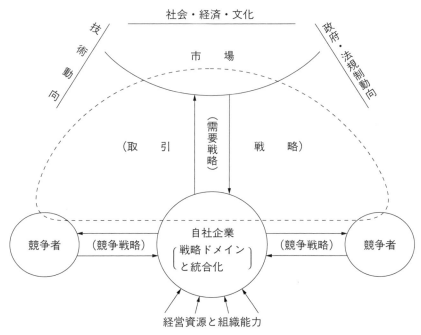

需要・競争・取引空間への対応は，政府の法規制，技術，社会・経済・文化状況によって制約されるが，これらの制約下でいかにして最適な経営資源と組織能力によって対応するかが重要であり，そのために戦略ドメインの設定と統合化が要請される。

（出所） 嶋口充輝・石井淳蔵著『現代マーケティング〔新版〕』有斐閣，1995

(1) 消費社会の登場からバブル景気へ

　この頃から「消費社会」が始まったと言われています。というのも，それまでの人々にとって「消費」は何か後ろめたさを感じるものでした。

　当時の面白い言葉があります。それは，「消費は美徳だ！」というキャッチフレーズです。この言葉をわざわざ言わないといけないということは，まだまだ「消費は後ろめたい行動」だったのです。

　しかし，一所懸命働き，収入が増え，家電製品によって家事の負担が軽減さ

れたためにできた時間を，徐々に消費に当てる人が増えていきました。現在では，あらゆるものが消費されています。

そのような経済成長が頂点に達したのが，1986年〜1991年に起こったバブル景気です。人々は，お金をどんどん稼ぐ一方で，そのお金をどんどん消費に注ぎ込みましたので，商品は飛ぶように売れていきました。

商品が売れることで，企業の収益も大幅に改善し給料も上がり，その給料で消費するというサイクルが回っていたのです。

(2) バブル崩壊がマーケティングを登場させた

ところが，バブル崩壊とともに，商品が全然売れなくなり，商品を作れば飛ぶように売れるという時代は終わりとなりました。いわゆる，「平成不況」「失われた20年」の始まりです。ここで初めて「商品が売れない」という状況に，企業は直面しました（図表3-2）。

その解決に注目されたのが，20世紀初頭にアメリカで発生したマーケティン

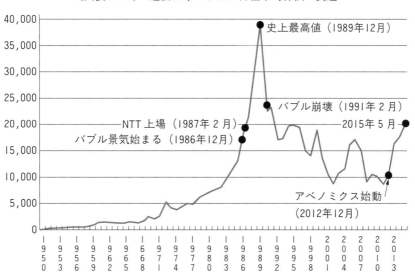

《図表3-2》 過去60年にわたる日経平均株価の変遷

（出所） BeneDict 地球歴史館 週刊スモールトーク 第291話 バブル崩壊 I〜失われた20年，2015年6月3日

グです。マーケティングの発想自体は，1950年代に日本に入って来ていたのですが，バブルが崩壊して初めて「作ったものを売る」から「売れるものを作る」という発想の大転換が起こったのです。

ただ，残念なことが1つあります。それは，多くの人々が「マーケティング＝ 無理矢理でも消費者に買わせるテクニック」と勘違いしていることです。無理に買ってもらっても満足につながらなければ，次はもう買ってくれません。

この勘違いのせいで，正確なマーケティングの考え方が人々に正確に伝わらなくなっています。あくまで，消費者の立場に立って商品化することが鉄則であり，一過性のテクニックではありません。

4 顧客創造

「経営の神様」と言われるピーター・ドラッカーは，企業経営の目的は「顧客創造」にあるとしています。現代マーケティングの世界的権威であるフィリップ・コトラーも，マーケティングとは「顧客創造」である，と述べています。

(1) まったく新しい顧客の創造

簡潔に言えば，消費者が考えてもいなかった商品を作り上げ提供することです。日本での例を上げれば，例えば，キヤノンのミラーレスカメラやJINSのPC用メガネ，AKB48などがそうです。

従来からある一眼レフカメラは，レンズから入って来た光をレフと呼ばれる鏡（ミラー）にいったん取り入れて，ファインダー越しに画像を見ることができます。一方，ミラーレスカメラは，読んで字のごとく「鏡（ミラー）」が「レス（なし）」のカメラで，ファインダーだけではなく液晶モニターから画像を見ることができます。

写真3-2を見ればわかるように，ミラーレスカメラはミラーがないため，多くの場合，一眼レフカメラに比べて小さいので持ち運びに便利です。大きさは軽量でコンパクトですが，一眼レフと同等の本格的な写真を撮ることができるので，一眼レフは難しくて手が出ないという人でも簡単に扱うことができます。

そのため，従来のコンパクトカメラでは飽き足らないけれど，一眼レフカ

《写真 3-2》 CANON の一眼レフカメラ（左）とミラーレスカメラ（右）

（写真提供）　キヤノン

《写真 3-3》 JINS PC 用メガネ

（写真提供）　JINS

メラはちょっと苦手という人々に受けています。それまでは，まったく対象ではなかった消費者を取り込むのに大成功した顧客創造の事例の1つです。

　JINS の PC 用メガネもそうです。メガネといえば，近眼や老眼など視力に問題がある人が消費者でしたが，PC 用メガネは，それまでメガネに縁のなかった「新しい消費者」を生み出しました（**写真 3-3**）。

　通常，メガネは，近視や遠視，乱視など，すでに目に問題を抱えている人が対象でした。いわば治療的な処置だったと言えます。ところが，JINS の PC メガネは，PC での仕事などで目を酷使する人を対象に，目が悪くならないように，いわば，予防的な処置を行うものです。

　この発想の転換が，メガネの必要がない人にもメガネをかけさせるという「顧客創造」を可能にしたのです。

　AKB48は，女性のアイドルグループです。彼女たちが出現するまでは，アイ

ドルは遠い存在でした。ところが，AKB48は，「会いに行けるアイドル」として登場しました。

ステージでのメンバーの立ち位置をファン投票で決める「総選挙」方式やCDに封入された握手券でメンバーとの握手会に参加できるという方式で，アイドルとファンの距離が縮まりました。また，「AKB48劇場」という専用の劇場を持ち，ファンはいつでもアイドルに会いに行けます。

また，メンバーが48人もいるので，その中には自分のお気に入りのメンバーを見つけるのが容易になります。このような新しいアイドルの誕生で，その後，HKT48やNMB48，乃木坂46，欅坂46など，類似のアイドルグループが「雨後の筍」のように出現しました。

プロデューサーの秋元康の発案によるAKB48の登場は，新しいアイドルの出現だけではなく，似たような多くのグループの結成を促進したという点からいえば，まったく新しいアイドル市場を創出したといえるでしょう。

(2) 身近な顧客創造

「顧客創造」とは，「消費者に"新しい価値"を提案すること」です。

例えば，お目当ての服を買いに行こうと思って出かけたとします。ところが，いろいろなお店を見て回っているうちに，「ハッ」と思いもかけない素敵な服を目にしたということはないでしょうか。予想もしていなかった服の新しい価値に目覚める，これも私は顧客創造がなされた瞬間だと思っています。

クリーニング店の顧客創造　第1章と第2章でも触れましたが，NHK総合で放送された「クローズアップ現代　よみがえる"経営の神様"ドラッカー」(2010年3月17日)では，あるクリーニング店の話が出てきます。

そのお店の経営者，西川芳雄さんは，父親からクリーニング店を受け継いだ当初，かなり危機的な状況だったと言います。どうすれば，利益を上げることができるのか，そのことばかりを考えていました。従業員を叱咤し続けましたが，効果は上がりませんでした。

ところが，その頃，西川さんが出会ったピーター・ドラッカーの『マネジメ

ント』『企業とは何か』という本の中に,「企業の目的は何か？　利益は目的ではなく手段である。企業とは社会のための道具であり，社会のための組織である」と書かれてあるのを読んで，自分はこの事業を通じて何を社会にもたらすのか，私たちは社会にどう貢献しているのかと考え始めたそうです。

　クリーニングは，一般常識では，単に服の汚れを落とすものです。しかし，西川さんは，それ以上のことを考えたのです。それは，「服の"美しさ"を甦らせること」「お客さまのおしゃれ心を甦らせること」です。

　例えば，ニットの服であれば，汚れはもちろん，新品のようにふんわりとした手触りを取り戻せないか，型崩れがあればそれも修正できないか，そういうことを考えながら，新しい技術の開発に取り組みました。

　その結果，お客がとても喜ぶようになり，その笑顔を見た従業員たちも笑顔になったそうです。今では，月に1回，従業員たちが自主的に集まり，お客にどのような貢献ができるかの議論も始まりました。

　この「美しさ」を甦らせるのも，「顧客創造」に当たります。

さまざまな顧客創造

　別の例も挙げましょう。

　イメージチェンジのために，美容室に髪型を変えに行ったとしましょう。美容師さんと雑誌のいろいろな髪型のカタログを見ていると，美容師さんが「この髪型，合うと思いますよ」と言うかもしれません。思い切って，その髪型を試してみると，自分では思っていなかった新しい雰囲気に仕上がることがあるでしょう。友人たちの評判も良いかもしれません。これも，顧客創造です。

　他の例も挙げましょう。これは，すでにある商品の話です。おいしそうな納豆がスーパーマーケットの店頭にたくさん並んでいます。納豆好きのあなたは，いつもならお値打ち品の納豆を買うのですが，ちょっと気になる納豆があります。たいへんおいしいと評判の納豆です。しかし，1パック500円もします。さて，あなたは，どうするでしょうか。

　多くの場合，500円も出して失敗したら大損です。ですから，買うのをためらいます。でも，ある日，スーパーマーケットに行くと，特売日で半額で売っているではありませんか。半額なら，と思い切って買ってみたとします。そして，

食べてみると，なんと500円の価値がある納豆だと気づくかもしれません。これも，新しい商品の価値に気づいた瞬間，顧客創造ができた瞬間です。

このように，マーケティングは，消費者が望んでいるものを市場調査などを通じて商品化するだけではなく，消費者が考えもしなかった商品を発案して提供したりもします。あるいは，既存の商品であっても，その価値を新しく感じさせることもできます。それが「顧客創造」なのです。

5 マーケティング論を学ぶとどんな仕事に就けるか

マーケティングに直接関係する部署には，市場調査部・企画開発部・広告宣伝広報部・営業販売部・購買管理部（バイヤー・マーチャンダイザー）などがあります（「部」ではなく「課」の場合もあります）。

気を付けたいのは，一言で「マーケティング部（課）」と呼ばれていても，企業により，その中身がさまざまなことです。市場調査のことをマーケティングと呼んでいたり，広告宣伝のことをマーケティングと呼んだりしています。

これらの呼び方はもう時代遅れなのですが，就職活動をする学生には誤解を与えることがあります。ですから，実際の仕事の中身を聞いて確かめましょう。

マーケティングの専門会社

ところで，これらの部署すべてを，企業が自前では用意できない時があります。むしろ，そのほうが多いかもしれません。ですから，これらの業務を専門に行う企業があり，そのような企業で働きたい人も，マーケティングを学ぶとよいでしょう。

例えば，市場調査を専門にする企業もありますし，広告宣伝を専門にする広告会社もあります。商品企画開発の専門会社もありますし，営業などを外注する企業向けのセールスパーソンを派遣する会社もあります。

他にも，企業に融資する銀行や信用金庫，リスク回避のための保険会社（生命保険や損害保険）などの金融機関もありますし，輸送手段を持たない企業のための運輸会社もあります（Amazonなどの通販会社の多くは，輸送業務を外注しています）。

これらの企業は，先ほど説明した企業の取引戦略に関わる企業ですので，特定の業務に特化したこれらの企業を目指す人も，マーケティングの学び甲斐があるでしょう。

**国や地方自治体も
マーケティング**

今後は，公共事業を行う地方自治体や国家もマーケティングを取り入れる思考が求められます。地方自治体や国家などの公共団体は，基本的に競争相手がいません。そのため，顧客不在の仕事になってしまう危険性もあります。

例えば，役所の「営業時間」は，平日の朝9時から夕方5時過ぎのところが多いですし，お昼休みも開いていないことがあります。この時間帯は，多くの人々が働いている時間なので，公共サービスを利用する時は，仕事を休んで行かないといけないことがあります。顧客不在の典型的な例です。

企業外へ目を向けるのがマーケティングならば，日本の外へ目を向けていくのも国家によるマーケティングになるでしょう。例えば，国を挙げて訪日客を増やそうとする戦略（インバウンド戦略）は，海外に向けて広告宣伝や広報をしたり，日本のどこででも「おもてなし」が充実するようにしたりするマーケティング戦略です。地方自治体や国家公務員になる人たち人も，ぜひともマーケティングを学んでいただきたいものです。

なお，マーケティングと縁の深い学問に，商学があります。商学には，銀行論や保険論，流通論などがあり，企業の取引戦略に関わる業務の研究が属しています。その意味で言えば，経済学を学ぶか，経営学を学ぶか，商学を学ぶかと悩んでいる人たちにも，経済学と経営論とマーケティング論の違いと関係を知っておくと良いでしょう。

―《考えてみよう》―
Q5　マーケティング論は，何を解決しようとしているのか？
Q6　マーケティング論を適用できるのは，国家？　それとも企業？
Q7　経済学と経営学そしてマーケティング論が使えるのはどんな商品？

第 II 部

マーケティングの実際を知る

マーケティングといってもさまざまな仕事と部署があります。そこで行われていることを知ることにより，マーケティング理論がどう活かされているかを疑似体験できるでしょう。専門知識やさまざまな理論を活き活きと学ぶためにも，現場の雰囲気を味わって，将来の仕事の参考にしてください。

第4章

マーケティングの仕事：
市場調査と商品企画開発

　私たちの日常は，多くの商品から成り立っています。自分の1日を朝から晩まで振り返ってみると，お金を払って買った商品に埋め尽くされています。

　皆さんは，お気に入りの服や鞄などを持っていると思いますが，どうして自分が気に入るような商品が店頭にあるのでしょうか。誰かに作って！　と頼んだわけではありません。それなのに，欲しいものがお店にあるというのは，とても驚くべきことです。そのような商品が無数にあります。

　日々の生活を成り立たせる商品が無数にあるということは，それだけ私たちの生活には，無数の欲求があるということです。3大欲求の食欲や睡眠欲，性欲はもちろんのこと，「衣・食・住」（これに「遊」も付け加えましょう）を成り立たせるには，次々と湧きあがってくる欲求を満足させなければなりません。

　その「○○が欲しい！」という欲求を満たす商品を考案しているのが，企業の「商品企画開発」という部署です。

1 雑貨商品開発

　さて，これから，企業の商品企画開発課で働く実在の会社員，小田理奈さん（仮名）の仕事を追いながら，商品企画開発の実際を覗いてみましょう。彼女の働く企業が企画開発する商品は，一般に雑貨と呼ばれるものです。

　1年間で企画開発されて売りに出される雑貨は，およそ200種類以上。その中でヒットになるものはわずかで，人気が無いと3カ月で店頭から消えてしまいます。そのため，次々と商品を企画開発する必要があり，時間との闘いです。

販売のタイミングを逃してしまったら，売れるものも売れなくなるからです。
　消費者が満足できる商品を作る一方で，生産コストはできるだけ下げたいので，デザインをシンプルにするのを心掛けます。雑貨を買う人は女性が多いので，女性の感性を活用するように，小田さんも含め女性社員は全従業員の7割を占めます。

(1)　多岐にわたる商品企画開発の仕事

　小田さんは，最終的に商品が出来上がり，お店に並ぶまでの過程にも目を配ります。その流れの中で問題が発生すれば，いち早く対応する必要があります。
　例えば，先日のことですが，小田さんが企画開発したおねしょマットは，製造過程でごく小さな汚れが出てしまうので，工場から相談がありました。問題は，製造過程にあるのか，あるいは素材にあるのかを考えると同時に，変更したら発売日までに間に合うかも考える必要があります。そのため，工場と緊密に連絡を取りながら，最善の解決法を見つけ出さないといけません。
　また，企画されたアイディアのうち，実際に店頭に並ぶのはその半分で，すべてが売れるというわけではありません。たとえ，商品化されて店頭に並んでも，きちんとした売上げにつながるのは，一般的に1～2割と言われています。売れなければ，大幅な値下げをするか，あるいはデザインや機能を再度検討して出直すことになります。
　小田さんは言います。「売れないものを作っても仕方がないですね，やっぱり売れるものを作らないと，いろんな人がそのモノづくりに関わっているわけなんですね，工場のほうも売れなければ，そこでその商品は止まってしまう，だからせっかく苦労して開発したモノは売れるように，で，毎回，注文ができるように，改善できるようにしたいと思っています」

(2)　商品企画開発の流れ

　小田さんは，地方都市にある雑貨メーカーで働く入社4年目の27歳。彼女の1日は，まず，スケジュール帳を確認することから始まります。
　小田さんは，常時，15から20の商品を扱っており，その商品も美容健康グッズからインテリア小物，ペット商品まであります。その開発に必要な商品知識

も身に付けなければなりません。同時に，複数の商品が頭の中で混乱しないように，前もってこまめに予定を書き込み，毎朝，スケジュール帳を見て，その日の仕事内容に取り掛かります。1つでも忘れると，多くの人に迷惑を掛けてしまいますので，重要な習慣です。

図表4－1および**図表4－2**は，小田さんの所属部署の商品開発課とその仕事の流れです。**図表4－1**を見ると，商品開発課は，さまざまな部署と緊密な連携を保ちながら，仕事を進めなければならないことがわかります。

《図表4－1》 会社組織図と商品開発課

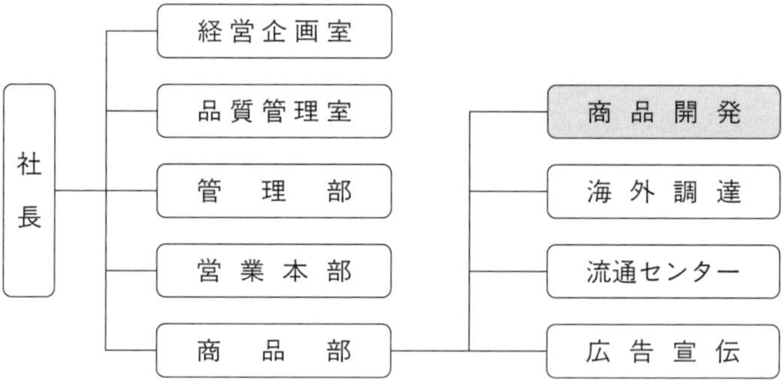

社長
経営企画室
品質管理室
管理部
営業本部
商品部
商品開発
海外調達
流通センター
広告宣伝

（出所） 筆者作成

《図表4－2》 商品開発の流れ①

商品デザイン
工場への発注
試作品のチェック
発売決定
生産計画の管理
改良

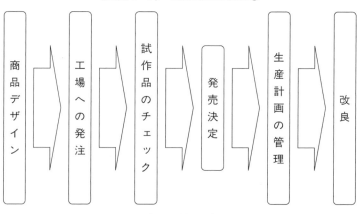

（出所） 筆者作成

《図表 4 - 3》 商品開発の流れ②

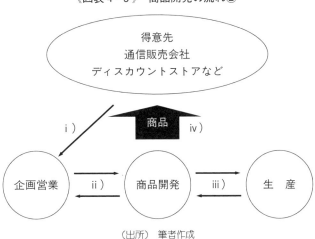

(出所) 筆者作成

　次に，**図表 4 - 2** を見ると，商品の発売が決定されるまでと，実際に商品が発売されるまでにも，多くの段階を踏むことがわかるでしょう。

　さらに，取引先の企業の視点も入れて，この商品開発の流れをみると，次のような流れになります（**図表 4 - 3 のⅰ）からⅳ）の流れ**）。ちなみに商品の開発から生産までには平均して 3 ～ 4 カ月しか与えられていません。

　まず，得意先から「こんなものが欲しい」という声を，営業の中の企画営業という部署が受けて企画を立てます。営業は，得意先を回って商品を売り込むだけでなく，お客の声を集めてくる市場調査役を兼ねることもあります。

　次に，商品開発は企画営業と相談しながら，機能やデザインなど細部を詰めアイディアを具体化します。ここで得意先の意向や要望をきちんと把握します。

　さらに，同時に生産工場とコストと品質の検討を何度も重ね商品化にこぎつけます。

　最後に，その商品を得意先に納入しますが，場合によっては，さらなる改良が必要になることもあります。納入して終わり，というわけではありません。

(3) 脱臭剤をめぐる会議

　いま小田さんが手掛けているウサギの形をした脱臭剤の試作品が出来上がっ

てきました。そこで，企画営業の担当者と改善点がないかどうかを考えます。

営業担当：「なんだかピカチュウと間違えられません？」
小田さん：「口をYの字にすればどうでしょうかね？」
営業担当：「×（ばってん）はどうです？」
小田さん：「それも考えたのですが，ミッフィーに似てしまうと思うんです」
営業担当：「▽（三角）ではどうでしょう？」
小田さん：「作ってみます」
営業担当：「あと目の上の星形は桜をイメージしていると思うのだけど，ヒトデにも見えます。このウサギは春のウサギという設定なので，桜ではなくチューリップというのではどうですか？」
小田さん：「もうちょっと考えてみていいですか？」

　小田さんは，口の形を▽に変え，また，桜をチューリップに変えてみました。売れないリスクを指摘されると考えを変えなければいけません（図表4-4）。
　口の形ひとつ変えるだけでも全体の印象が変わるので，細かなところですが，そこまで気をつける必要があります。売れ行きを左右する重要な変更点です。

《図表4-4》　ウサギの脱臭剤のデザイン

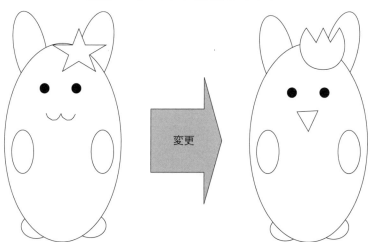

（出所）筆者作成

自分の思いがすべてお客に伝わるかはわからないのです。多くの人と相談しながら「これは売れる！」というものを作らねばなりません。

(4) 美容サンダルの改良

次は，すでに発売されている美容サンダルを改良する仕事です。

この美容サンダルは（**写真4－1**は美容サンダルのイメージ写真），通販カタログに載せた月は好調に売れていましたが，半年もすると発売当初の3分の1まで販売数が落ち込みました。消費者からの返品も多くなっています。小田さんにとっても会社にとっても，放っておくことはできません。

問題の原因は，靴底（ソール）の部分が固くて曲がりにくいので，歩くとすぐに脱げてしまうというものでした。苦情は生産して販売する側には辛い反応です。

しかし，見方を変えれば，そこを改良すれば買いたい！　ということですから，さっそく改良に手をつけ新しい美容サンダルを売り出します（「苦情は，商品開発の宝」という言葉もあります。苦情は，消費者欲求の裏返しの表現なのです）。デザインと機能性の両方を求められる難しい仕事となります。

《写真4－1》　美容クロスサンダルのイメージ

（写真提供）　富士ゴムナース

足で調べる市場調査

では，一体，どんな美容サンダルを作れば良いのか？　机の前でじっと座って考え抜いている姿は，とても頑張っているようで一所懸命なのは伝わってくるのですが，実は，ヒントは自分の頭の中よりも外にあることが多いのです。「現場にはオフィスの100倍のヒントがある」と言われるからです。

小田さんも，ヒントを探しに外へ出掛けました。向かった先は，靴売り場です。世の中にどんな靴があるかすべてを想像できる人は，まず，いません。そういう時は「街に出ろ！」というのが鉄則です。

この行動は，「観察」と言いますが，消費者がどんなものを欲しがっているのかを調べる「市場調査（MR：Market Research または Marketing Research）」の1つの手法です。いろいろな靴売り場を回りながらヒントを探します。

そして，営業との相談の結果，美容サンダルの上の部分は，靴の甲の部分を交差させてお洒落感が出るようにしました。底の部分は，靴底に切れ込みを入れて曲がりやすくして歩き心地が良くなるように変更しました。

モニター調査の実際

この試作品を作り，今度は，女性社員3人に2週間ほど履いてもらいます。これも，モニター調査（モニタリングとも言います）という市場調査の1つです。商品を実際に使ってもらい，その感想を聞きます。

その結果，わかったことは，クロスさせた部分に体重がかかり，足にその跡がついてしまうということ，そして，金具の部分が歩くたびに音が鳴り，それが気になるというものでした。そこで，小田さんは，クロスの部分を1cmほど前にずらすことと，金具をより小さいものに変えることにしました。

靴底の改善点ですが，靴底に切れ目を入れた試作品は，思ったよりも曲がらず，再度調整することになりました。発売予定日が近づいているので，さらに改良しなければならないというのは，かなりのプレッシャーです。

考えられる改善点は，何でしょうか？　より曲がりやすくするためには，さらに切れ込みを深く入れるか，材質を変えることです。切れ込みを深くするとサンダルの耐久性の問題が気になるので，今回は靴底の材質を変更することに

しました。残された時間は1カ月です。

2回目のモニター調査

1カ月後，新しい靴底の美容サンダルの試作品ができてきました。2回目の試作品です。前回は，女性社員に履いてもらいモニター調査をしましたが，今度は，一般の女性の方に履いていただき，その感想を述べてもらいます。

モニターになった女性たちには，2回目の試作品を1週間使ってもらいました。1週間後，会社で会議を開き，女性たちの意見を聞きます。

女性A：「フローリングの床で履くと，靴底が柔らかく安定感を感じました」
女性B：「新しい靴を履くと，腰痛が出るのですが，これは出ませんでした」
女性C：「脱いだり履いたりする時に，かがまなくて済むのが良かったです」
女性D：「中敷きにクッション性があり，靴底の溝も曲がりやすかったです」
女性E：「歩く時にじわっじわっと音がするのが気になりました。静かな場所で使用する方にとっては改善点だと思います」といった意見が出ました。

おおむね良好な反応だったため，この新しい美容サンダルを発売することに決まりました。発売日も具体的に決定し，カタログ用の写真撮影も始まりました。予算や時間との制約を抱えながらも，お客に満足していただける商品を企画・開発して改良を重ねてきた小田さんは言います。

「やはり1人では商品企画開発はできません。多くの人たちの協力があって初めて形になり結果を出せるようになります」「単なるイメージから具体的な商品を形にできる発想力に加えて，多くの部門との調整力や交渉力も求められます。この仕事をいただくまでには，他の部署でさまざまな専門知識を学び，会社そして取引先との関係をきちんと理解するということが大事ですが，とてもやり甲斐のある仕事です」と（参考資料『あしたをつかめ〜平成若者仕事図鑑：雑貨商品開発』NHK-ETV月曜日　19：30〜19：55，2004/12/06）。

2 市場調査と商品企画開発で気をつけるべきこと

(1) 自分の常識は他人の非常識（自分の非常識は他人の常識）

　変化の激しい現代日本では，常識がどんどんと変わって行きます。もっとも分かりやすい例は，ファッションです。去年流行ったものは，もう今年は流行遅れです。売るほうは，今年の流行はなにか？　といろいろと目を配りながら，仕入れる服を選ばないといけません。

　コンビニの店頭も参考になります。店頭の商品は，1年間で7～8割も入れ替わると報告されています。皆さんも，気に入っていた商品がいつの間にか店頭から消えていたという経験はあるでしょう。

　このように，ビジネスの現場では，「昨日の常識は今日の非常識」と言えるほど目まぐるしく人々の欲求は変わります。自分の思い込みを捨てて，現実を直視する態度が必要です。

(2) 売れる商品を考える

　バブル崩壊後,「作った商品を売れ！」から「売れる商品を作れ！」という発想に転換しましたが，この発想の転換ができていない企業も少なくありません。

　それゆえに，見方を変えれば，「売れるものを作れ！」というマーケティングの発想を取り入れる余地が，まだまだあるということです。長引く不況でも，改善を重ね，業績を伸ばす可能性は，まだまだ大きいと言えるでしょう。

　フィリップ・コトラーは，「日本は，高度経済成長期は，マーケティングを上手に行っていた。しかし，その成功体験にとらわれてしまって新しい時代のマーケティングに対応できていない」という趣旨の話をしています（日経プラス10「マーケティングの父　コトラー教授に聞く"日本を救うマーケティング"」2014年9月26日)。

(3) さまざまな市場調査方法

　市場調査とは，消費者の消費行動や購買行動をきめ細かく調べることによっ

て，消費者にどのような商品を企画開発すれば良いのか，そのヒントを得るための重要な活動です。一般的には，次の5つが代表的なものです。

① アンケート，ヒアリング，モニタリング
② 苦情
③ 現場観察と現場視察
④ 売上データ：POSシステム
⑤ カード・システム（メンバーズカード，ポイントカードなど）

アンケート，ヒアリング，＆モニタリング

　アンケートは，ある程度の確認したい事柄があり，それを調べる時に使われることが多いです。皆さんの多くは，これに回答した経験があるでしょう。

　仮説を立てたり問題が何かを調べたりするには，ヒアリングが適しています。消費者の方々に集まってもらい，いろいろと質問し自由に答えてもらいます。アンケートの質問項目などでは予期しなかった意見を聞くこともできます。

　モニター調査は，漠然といろいろな意見を聞くヒアリングとは異なり，実際の商品を使ってもらって意見を聞きます。商品開発が具体的になってきた後半段階で行われることも多い手法です。

苦　　情

　「苦情」には，ネガティブな雰囲気がありますが，マーケティングの視点から言うと，「苦情」は商品企画開発に大きなヒントを教えてくれる宝の山なのです。

　実際，皆さんがよく利用する焼き肉チェーン店の牛角は，苦情を言ってくださったさお客には，お礼としていくらかをキャッシュバックしていました。

　さらに，福井の商工会議所は，消費者からの苦情を集め，その苦情を企業が買うという仕組みを作りました。その中で成功した例の1つが，納豆についているたれの苦情を元に作られた納豆です。たれの入った袋は切りにくく，たれが手に付いてしまうという不満を多くの人が持っていました。

その苦情を買った納豆業者は、たれをゼリー状にし納豆に混ぜると液体化する素材を開発しました。このたれをワンパックにした新しい納豆は大ヒットしています。
　「○○が嫌だ」という苦情は「○○でない商品が欲しい」と言っていると解釈するのですね。苦情は宝の山です。

観　　察

　「何が嫌ですか？」「何が欲しいですか？」と聞かれてもすぐに答えられない消費者も多いです。聞いて分かるのであれば、商品企画開発には苦労しません。
　あるファッション・メーカーは、街を行き来する人たちを観察することで、流行の最初の段階で消費者の動きを察して商品作りに役立てています。
　ある家電メーカーは、新しい冷蔵庫を作ろうとしたのですが、冷蔵庫はほぼ完成の域に達しており、アイディアが出てきません。そこで、一般家庭にビデオカメラを設置し、家族の皆さんが冷蔵庫を使う様子を24時間録画しました。その録画を社に持ち帰って分析したところ、面白いことに気付きました。
　よく見ると、冷蔵庫の一番下の段をけっこう皆さん開け閉めしています。中のものを取り出すには腰をかがめなければならないのに、家族の皆さんもそれを面倒だと感じていないのでした。
　そこで、家電メーカーは、使う頻度の多い一番下の段を真ん中に移しました。これが大正解で、新しい冷蔵庫はヒットしました。このように、企業も消費者も気づいていないこともあるので、「観察」というのは、市場調査のとても大事な手法の１つです。
　加えて、「観察」の仲間と言えるのは、さまざまな雑誌や業界紙などに目を通すことも、意味があると思います。テレビやラジオなどのマスメディア情報も参考になるでしょう。最近では、ツイッターやインスタグラムなどのSNSでフォロワーの多い人のサイトを覗いてみるのも参考になるでしょう。情報源は、至るところにあります。

POSシステム

　POSシステムという言葉は知らなくても，コンビニやスーパーで買い物する時，レジで店員が商品のバーコードを専用の端末で読み取ることは，ご存知でしょう。読み取るごとに「ピッ」という音がするので，おなじみの光景です。

　これは，どのような商品が，どの時間にどのくらい売れたかをコンピュータに入力しているのです。POSシステムとは，日本語にすると「販売時点情報管理システム」となります。POSは英語で"Point Of Sales（販売時点）"の頭文字を取ったものです。

　どのような商品が売れたかは，例えば，野菜ジュースが売れたというレベルの情報ではなく，カゴメの「野菜一日これ一本」が売れたというレベルの情報を読み取っています（「単品レベル」での情報と言います）。

　また，コンビニやスーパーでアルバイトの経験がある人は，商品のバーコードを読み取ると同時に，レジにある「男か女か，そして，どの年代か」を記録するボタンも打ったことがあると思います。ですから，「どのような人が，どの商品を，いつ，どの店舗で何個買ったか」がわかるのです。

　この情報から，売れている商品（売れ筋商品）と売れない商品（死に筋商品）を分類して，売れ筋商品は仕入れを多くし，反対に，死に筋商品は仕入れを減らすか，あるいは，仕入れを止めるかします。

　コンビニにしてもスーパーにしても売り場面積が限られていますから，すべての商品を店頭に置くわけには行きません。売れるものから順番に仕入れて店頭に並べるのです。もし，あなたが気に入っていた商品が店頭から消えたとしたら，それは死に筋商品だったということです。

　POSシステムの活用法は，それだけではありません。新商品の開発に役立つこともあります。例えば，カレー弁当の購入者が20代男性に集中していることに気づいたコンビニの本社では，女性向けの少量でカロリーの低いカレー弁当を開発して店頭に置いてみました。すると，それが女性に支持されて売れたのです。

カード・システム

　POSシステムのように1つひとつの商品情報をきめ細かに記録することを「単品管理」といいます。その精度をさらに高めるために導入されているのが，メンバーズカードやポイントカードです。

　メンバーズカードやポイントカードには，その所有者の名前や住所，年齢などの情報が記録されています。コンビニのレジには，何歳くらいの男女かを入力するボタンがあるのですが，メンバーズカードやポイントカードにはより正確で詳しい情報が記録されています。そのため，どの商品が誰に売れたかという情報の精度を高めることができます。

　例えば，これらのカードを導入している企業や店舗がたくさんありますが，これは商品の単品情報に，「○○歳の□□さんが買った」という情報が加わります。この高精度の情報から，□□さんはスイーツが好きだから，今度のスイーツフェアの案内を送ろうという宣伝にも活かされます。

　以上のように，さまざまな市場調査は，変化を予測するだけではなく，変化が出たらできる限り早く対応するという役目も担っています（これを，追尾型の市場調査と呼びます。一般的な市場調査は予測型です）。

　なお，最近では，ビッグ・データと呼ばれる膨大な情報を集める仕組みが出来上がってきたので，これらの情報を分析して，マーケティングに活かそうとする動きも出ています。

《考えてみよう》

Q8　私たちの1日は，この他にも無数の商品から成り立っています。思いつくだけ挙げてみましょう。
Q9　企画開発が必要な商品にはどんな商品がありますか？
Q10　商品企画開発は，どんな時に必要ですか？

第5章

マーケティングの仕事：
広告宣伝と広報

　日本のある街に，世界的に有名なクラシック・ピアニスト，ハンガリー出身のアンドラーシュ・シフが，コンサートを開くためにやってきました。

　これまで発売したCDも数多くあり，超売れっ子です。とても多忙な方なので，来日のお願いをしても，なかなかスケジュールの都合がつきません。日本でもファンが大勢いて来日を望む声があがっていました。

　そんな折，あるプロモーター（興行主：イベントなどの交渉役あるいは段取り役）の熱心な交渉により，シフの来日が決まり，あとは，コンサート当日を待つばかりとなりました。

　ところが，演奏会当日，会場には誰も来ません。せっかくの演奏会ですし，事前の調査では，コンサートがあれば行きたいという人がたくさんいました。しかし，会場には1人も来ていません。なぜでしょうか？（なお，シフは実在の人物ですが，このエピソードはフィクションです）。

1 大型雑貨小売店の広報

　さて，今回紹介するのは，日本全国に展開している大型雑貨小売店の1つで働く広報マン，中森淳一さん（仮名），29歳です。

　広報とは，「一般に広く知らせること。その知らせ」のことです（『岩波　国語辞典　第5版』1994年より）。中森さんが所属する販売促進部は，テレビ・ラジオ・雑誌・新聞などのマスコミから個人向けの電話勧誘・DM（ダイレクトメール）・ネット広告・電子メールまでを駆使して，商品の売上げとそのお店のイメージアップを図る部署です。マスコミを担当しているのは，中森さんだ

けです。その影響力が大きいだけに，重い責任を担っています。

(1) 広報の役割

中森さんは，元々，店頭で働く販売員でバイヤー（仕入れ係）も兼任していました。どのような商品を店頭に置けば売れるのかを考えなければならない重要な仕事です。ある時，簡単に演奏できるおもちゃのバイオリンに目を付けて仕入れました。弦に弓を当てるだけで音楽が流れ出すので，誰でもバイオリニスト気分が味わえます。

自信を持って店頭に置きました。しかし，まったく売れることがなかったのです。よい商品であるにもかかわらず，誰も注目しませんでした。ところが，当時の広報がこの商品を取り上げてくれるようにメディアにお願いしたところ，テレビで紹介され，その時から爆発的に売れるという経験をしました。

それに心を打たれた中森さんは，広報の仕事に興味を持ち始め，広報マンになりたい！　世の中のトレンドを生み出したい！　と思い始め，人事部に猛アピールしたところ，その熱意と努力が認められて，入社4年目にして広報マンに抜擢されました。

販売員は各々こだわりと自信を持って商品を仕入れています。販売員から中森さんの元には，「この商品はいいですよ！」「この商品は絶対売れます！」と

《図表5-1》　広報の仕事の流れ

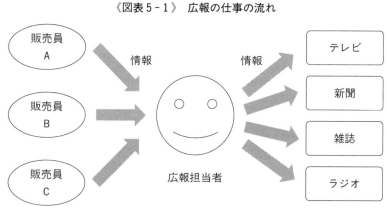

（出所）　筆者作成

いう膨大な情報が届きます。その情報の1つひとつを丁寧に吟味した後，タイミングを見計らって，中森さんは，マスコミへ紹介するのです（**図表5-1**）。

トレンドを掴む

マスコミへ情報を発信するタイミングは，どう掴むのでしょうか。

店頭にある10万種類に及ぶ商品は，子どもから大人まで，男性も女性もターゲットにしています。自分ひとりの思い込みだけで判断するのは，とても危険です。自分の常識が他人の常識と同じとは限りません。では，幅広い年齢層の男女に受けるトレンドは，どうやって知ればよいのでしょうか。

その秘密は，彼が目を通す雑誌や新聞などにあります。その数，50以上。それらを俯瞰することで，人々の関心を自分の流れに取り込み，その人たちなら何に心を動かされるだろうと考え，また，感じるのです。

消費者に役立つ広報

私たち（消費者）にとっても，広報の仕事は必要です。モノやサービスが氾濫する現代では，商品を買う目を養うのも一方では大切ですが，商品のすべてに目を通すのは，至難の業ですから，企業から発信される情報は，とても助かります。

もちろん，マスコミの情報だけで判断する人も少ないでしょう。友人知人から手に入る「口コミ」も大事な情報源です。ネット社会になってから，その傾向は大きくなっています。SNSなど，企業とは別の発信源も多くなっています。

積極的な広報

中森さんの広報のスタイルは，「攻めの広報」だそうです。40社近いマスコミへ，ニュースリリースを積極的に送るのです。「リリース（"release"）」とは，「解き放つ」という意味で，店内に「閉じこもっている」情報（"news"）を，お店の外へ「解き放つ」というイメージです。その際，重要になるのは，マスコミに宛てた広報の文面と画像です。その表現に工夫が

求められます。

(2) 初めてのヒット商品

中森さんが広報マンになって，初めてヒットさせた商品が「写仏セット」でした。現在の日本では，「感動」と「癒し」が消費の大きなキーワードになっていると気づき始めた中森さん。

発売されてから2年も経つのに，売り場の片隅に隠れていたこの商品に目を留めます。売れ残っている商品だからといって，人気の出ない商品とは限りません。その頃，新聞やテレビ報道で，仏像に安らぎを求めて寺院を訪れる人が多くなっているというニュースが流されていました。仏像の写真集も売れていました。

そこにヒントを得た中森さんは，仏さまの絵を描いて癒されたいと思っている人も少なからずいるのではないかと思い，この写仏セットをニュースリリースしたところ，あるテレビ局が取り上げてくれたため，1週間に20セット売れるほどの大ヒット商品になりました。

(3) 年末商戦へ向けた思い

毎朝，ミーティングが開かれ，店全体の販売戦略が伝えられます。個々の販売員はこだわりと自信を持って商品を仕入れ店頭に並べるのですが，それらも店全体としての戦略につながっていることが大切です。

中森さんは，その販売戦略に基づいて，どの商品を押し出してマスコミに伝えるかを決定します。年末が近づいてきた10月のキーワードは「年末商戦」翌年のスケジュール帳やカレンダーなども10月頃から店頭に並び始めます。

中森さんは，フロアを実際に回りながら，1つひとつの商品を細かく見て回ります。そして，さまざまな新聞や雑誌などから得た情報と照らし合わせながら，現在のフロアには何があるのかを改めて厳しく確かめます。

| 商品情報を収集する |

店内を歩いていると，その姿を見つけた販売員たちが，中森さんに近づいてきます。どの販売員も，自分が仕入れた商品をニュースリリースに取

り上げてもらおうと必死です。30分もすると，たくさんの商品情報が集まってきます。

　ふと，翌年のカレンダーがずらりと並べてあるコーナーに目を留めました。フロアの販売員によると，「脳の活性化に関するグッズが多く発売されているのですが，特に，パズルや漢字の読み方など，ゲーム感覚で遊べるカレンダーが，このところ人気ですよ」とのことです。中森さんも，雑誌や新聞なので「脳を活性化しよう！」「四角い頭を丸くしよう！」という特集が組まれているのを知っていますので，関心を持ちます。

販 売 員：「この"脳力アップ365日"はお勧めですよ」
中森さん：「日めくりになっているんですね」
販 売 員：「脳力系が今年の流行なんです」
中森さん：「パズルというのもあるんですね」

「仕入れを担当する販売員の方々は，自分が見定めた商品ですから，皆さん，自信があるんです。そこを年末商戦という流れに合うものを選び抜かなければならない。これは，年末商戦に限ったことではなく，季節ごと，行事ごとにも言えるので，タイミングを外さないように広報していかねばなりません」と中森さんは言います。

広報活動の工夫

　年末商戦に向けた広報の締切日が近づいてきました。中森さんは悩みましたが，その年は，ちょっといつもと違うカレンダーに焦点を当てました。
　今回目を付けたのは，先日，フロアの販売員との話に出た昨今ブームの脳力トレーニングができるカレンダーです。決め手は，単に日にちがわかるカレンダーではなく，トレンド（流行）に上手に乗っているという点にありました。
　広報一押しの商品は決まりました。次は，それらの商品を，どうマスコミに売り込んでいくかです。マスコミには，毎日，大量のニュースリリースがさまざまな企業や団体から送られてくるので，いかに，マスコミの担当者の目を引くか，それも大きな問題です。
　例えば，難しい漢字を集めてどう読むかを毎日考えさせるカレンダーの場合，

中森さんは電子メールの書き出しを問題形式にしてみました。次の漢字は読めますか？「鼾をかく」「蒲公英」「泡沫の世」などはどう読むのでしょうか？という書き出しです。これで，担当者の興味を引こうというアイディアです。ちなみに読み方は，「いびきをかく」「たんぽぽ」「うたかたのよ」です。

　カレンダーの写真も撮り，すべて仕上がったところで，パソコン画面の送信ボタンを押します。中森さんいわく，「娘を嫁に出す気分ですかね」だそうです（参考資料『あしたをつかめ～平成若者仕事図鑑：小売店広報』NHK-ETV 月曜日　19：30～19：55, 2005/11/21)。

(4)　ますます広がる広報の場

　現在の日本では，インターネットが浸透し，それだけ広報の活躍の場が広がって来ています。そして，商品の広報だけではなく，企業イメージの広報や危機管理への対応も広報の仕事になって来ています。

　昨今の食品偽装問題でも，適切に対応した企業と失敗した企業とでは，はっきり明暗が分かれたのは記憶に新しいでしょう。正しい対応とは，問題を隠さずにすぐに公開すること，問題の対応内容を明確にすることなどです。反対に，嘘をついたり問題を隠したりすると，その場しのぎにはなりますが，企業の信用を大きく損なってしまう危険性が大です。

　このように，広報の腕次第で，大きく印象が変わるのです。広報の仕事は重要性がますます高まっていますが，企業全体の動きを知っておくことが大事なため，さまざまな部署に配属し，仕事を覚えた後に広報担当になることが一般的だと言われています。迅速かつ正確に時代の流れを読み取り，それを外に向かって発信するコミュニケーション力が必要です。

2　広告宣伝および広報の諸特徴

(1)　さまざまな広告宣伝そして広報の手法

　広告宣伝そして広報は，プロモーション（販売促進戦略：Promotion）の1つです。プロモーションに用いられる手段には，テレビやラジオの広告，雑

誌や新聞の広告，これらに加えて，インターネットが普及した現在では，ネットのサイトに貼り付けられたバナー広告（banner advertisement）や携帯電話やスマートフォンに送られる電子メールなども，広告宣伝そして広報の重要な仕事です。

その他にも，屋外の巨大な広告塔，電車やバスなどの公共交通機関の車体広告や車内に貼られたり吊り下げられたりするもの，駅の構内や建物の通路に貼られている広告，街角で配られるティッシュの裏に挟まれた小さな広告など，数え上げれば切りがないほど多様な広告宣伝のかたちがあります。

広告宣伝や広報で伝えられる商品や企業に関する情報は，企業から消費者へ一方向であるのが特徴であり，実際にお客と会って話をする営業や販売とは区別します。営業と販売については，次の第6章で説明します。

(2) 商品情報と納得

プロモーションとは，何か？　という説明でよく見られるのは「商品や企業の情報を消費者に伝えること」というものです。

決して間違いではありませんが，この説明だけだと，情報を送れば済むのだな，と勘違いする人が出てきます。消費者にチラシを配ったりCMを流したりすれば，プロモーションの役割は終わると考えてしまっても仕方ありません。

しかし，情報を与えるだけでは，商品は売れません。最も大事なのは，「消費者が"納得"するまで情報を与え続ける」ということです。消費者が商品の購入をためらっているのは，十分な情報が足りないからです。商品の価値を判断できるだけの情報を伝えなければ，消費者は納得しません。

消費者が納得のいく買い物をするには，商品に関する情報の質（中身）と量にかかっています。例えば，CDショップの店頭で，CDに収められた曲を試聴できるというのは，とても大事です。納得して買うならば満足ですし，反対に，満足できずに買わない判断をする場合も納得がいくでしょう。大事なお金を無駄に使わずに済むのですから。

企業としては，残念に思うかも知れませんが，長い目で見れば，最も怖いのは，消費者が納得せずに買った後で後悔することです。その店ではもう2度と買わない，というのが最も警戒しなければいけません。よく知られた言葉です

が，「消費者の9割は，不満を口にせずに去って行く」からです。

なお，消費者が納得いくまで十分な情報を集めるということは，経済学でいう市場の「完全情報」という条件に近くなると考えられます。そう考えると，豊富な情報があるというのは，経済学でいう「資源の効率的な配分」が，少なくとも消費者においては達成される度合いが高まることになります。

(3) 広告宣伝と広報の違い

広告宣伝と広報の違いについてですが，この2つはかなり異なるものです。というのは，広告宣伝は，一般的にテレビやラジオのCM(コマーシャル)，新聞雑誌広告やチラシ，商品や企業の名前が印刷されたペンやキーホルダーなどのグッズなどがそうですが，膨大な資金が必要だと言われています。

同時に，広告宣伝をしたから，必ず売上げが伸びるかというと，そうとは言い切れない部分もあります。というのも，広告宣伝の効果を測定するのは，大変に難しいと言われているからです。

商品の売上げに影響を与える要因は数多くあり，広告宣伝が売上げにどれくらい役に立ったかは正確には言えません。そのため，広告宣伝を受け持つ部署がその資金を出す経理部門や財務部門を説得するのに苦労すると聞きます。

これに対し，広報は，メディアを活用し，TVやラジオのニュース，雑誌や新聞の記事での紹介，口コミ，ブログなどのSNS (Social Networking Service)，さらに，お試し(試食・試飲・試乗・試供品・サンプルなど)などを使用するので，比較的コストは抑えられます。

しかしながら，メディアに取り上げてもらえるかどうかは不確実なことも確かですし，また，企業に好意的な取り上げ方をしてもらえるかも不確かです。場合によっては，意に添わない取り上げ方をされる危険性もあります。

とは言え，商品の存在を知らしめることなく，商品が売れるということは，まずありません。それだけ，商品情報や企業情報は，大切だと言えるでしょう。「好きな人に暗闇でウインクしても伝わらない」のです。

(4) 「よい商品」だけでは売れない

今でも根強い考えですが，良い商品ならば必ず売れると思い込んでいる人が

まだまだいます。もちろん，商品が良いものであることは大前提です。それなのに「売れない」「売上げが伸びない」と悩んでいる人は少なくありません。

そこに必要なのは，「顧客目線」の経営と言われるマーケティングです。マーケティングを「消費者を騙してでも売りつけるテクニック」と勘違いされている人がいたり，マーケティング＝市場調査と同じだと思っている人もいたり，さらに，マーケティングは広告宣伝のことだろうと考えている人もいます。

これらは，すべて誤りです。あくまでもお客の立場に立って，商品を届ける仕組みを全社を挙げて考えるのが，正確な意味でのマーケティングです。そのためにも，アメリカでは一般的になっている CMO（Chief Marketing Officer「最高マーケティング責任者」）の起用が待たれます。

⑸ 広告らしくない広告

広報は，マスメディアや SNS を通じて商品情報や企業情報が流れるので，いわゆる宣伝臭は強くありません。一方，広告は，企業に都合のよい情報しか流れないのではと考える消費者もいて，必ずしも好意的に受け取ってもらえない可能性も否定できません。だからこそ，消費者は，口コミや SNS の情報のほうが信用できるとして活用している部分があります。

それを回避するために取られる手法がいくつかあります。

1つは，テレビ・ドラマや映画の中で商品を使ってもらうことです。例えば，トム・クルーズが出演する『ミッション・インポッシブル』の中に登場するドイツの BMW 車がそうです。トム・ハンクスが出演した『キャスト・アウェイ』には，輸送会社のフェデックス（FedEx）が登場します。日本でも，有名なタレントである木村拓哉（元 SMAP）が，テレビ・ドラマの中で履いていたヒステリック・グラマーというブランドのジーンズも爆発的に売れました。

2つめは，雑誌などで多く見られますが，例えば，ファッション誌では，モデルがポーズを取っているページの片隅に，そのモデルが着用しているブランド名と連絡先が印刷されていることがあります。ある意味，ファッション誌というカタログとでも言えるでしょう。記事のメインは，ファッションなので，宣伝臭は弱くなります。

3つめは，ペットの雑誌などを読んでいると，有名無名にかかわらずペットに与えているフードの話が掲載されており，その特集ページの最後のほうに，ちらりと商品を紹介しているものもあります。その他の商品でも，あたかも記事がメインのようにしてありながら，さりげなく商品の宣伝にもなっているものもあります。

他にもまだまだありますが，各企業の努力には目を見張るものがあります。読者の皆さんも，何か考えてみてください。

3 検証：聴衆が来ないコンサート

さて，本章冒頭のアンドラーシュ・シフのエピソードの問題点を考える際に，以下のことを考えてみましょう。商品が売れない，その原因は何か，考えられるのは以下の4つです。

(1) 商品に魅力がない

現代の日本では，競争が当然のごとく行われていますから，商品の質はある程度保証されています。どこにコーヒーを飲みに行ってもおいしいですし，どのベーカリーのパンもおいしい。多くの自動車は，それほど大きな故障もせずに道を走っています。家電製品もずいぶん長く使えるようになりました。商品が良いことは，ここ日本では当然のこととなっています。

しかし，不満がまったくないと言えば嘘になるでしょう。商品がきちんとしていることは商品が売れる大前提ですから，ここを押さえずに商品が売れるということはありませんが，そのような中で品質の劣る商品を出してしまったら，売れないか，売れたとしても消費者は2度と買わないでしょう。

(2) 価格が適切ではない

商品は安いに越したことはない，と考える人は多いです。しかし，品質の良い商品を作るには手間暇が必要です。よく言われるように「安かろう悪かろう」という常識があります。

かつて，マクドナルドが58円バーガーを出しましたが，見事に失敗しました。

実際の原価は57円と言われているので、58円でも利益は出ますが、消費者は不安を感じて買い控えたのです。

逆に、結婚指輪を有名ブランドのティファニーで買う時は、高いほど価値があります。考えてもみてください、もし婚約者が「このダイヤモンドの指輪、5割引で買ったんだよ」と言って渡したら、その女性はどう思うでしょうか？

問題は、価格が高いか安いかではなく、その商品の価値が価格と見合っているかどうかです。値頃感とも言います。ニトリのTVCMで「お、ねだん以上！」と言っているのは、まさにこのことです。商品価値 ≧ 商品価格です。

(3) 商品が知られていない or 十分な情報が与えられていない

世の中には無数の商品があります。その中から選んでもらうには、商品の存在をアピールする必要があります。上手に商品の情報を伝えるのです。

広告宣伝や広報も大事ですが、店頭にきちんと並んでいるということも必要です。探しても見つかりにくい場所にあれば、買ってもらえません。その意味では、陳列方法も広告宣伝の問題だと考えられます。商品を置いている場所に、手書きの紙などを貼るPOP広告などが、それに当たります。

また、商品を前にして迷っている人がいれば、それは迷っている人にはまだ伝える情報が十分ではないということです。納得のいくまで情報を与えるというのが大事でしょう。

(4) 消費者の購買機会がない

良い商品ができました、価格も手頃です、商品情報も十分に伝えました。商品は、売れるはずです。しかし、売れません。その原因には、次の3つがあります。

① その商品を取り扱っているお店が購買者の行動範囲になかった。
② その商品をそのお店では仕入れていなかった。
③ その商品は仕入れているが、品切れ状態だった。

このように、商品が売れるには、商品の良さに加えて、いくつもの要素が要求されます。いくつもの要素をクリアして初めて商品は売れるのです。

70　第Ⅱ部　マーケティングの実際を知る

――――《考えてみよう》――――
Q 11　本章の冒頭で記したアンドラーシュ・シフのコンサートのエピソードですが，なぜ，聴衆が1人もいなかったのでしょうか？　何が原因でしょうか？
Q 12　広告宣伝のメリットとデメリット，そして，広報のメリットとデメリットを挙げてください。

第6章

マーケティングの仕事：
営業と販売

　デパートの歴史は160年以上さかのぼります。百貨店の誕生については諸説ありますが，一般的にはフランスで1852年に開業したル・ボン・マルシェだと言われています（**写真6-1**）。ル・ボン・マルシェはフランス語では"Le Bon Marché"と書きますが，これを英訳すると"The Good Market"となります。

　ちなみに，フランス語で"bon marché"というと「低価格で」「安い」と

《写真6-1》　ル・ボン・マルシェの店内とロゴ

（写真提供）ル・ボン・マルシェ・リヴ・ゴーシュ

いう意味になります。ところが、百貨店のイメージは高級なお店というものです。なぜでしょう？　少し説明を必要とします。

1 ワン・ストップ・ショッピング

「市場（いちば，しじょう）」というのは，「各地から売り手と買い手が，1カ所に集まって値段などの交渉をする場所」と定義できますが，もし，定期的に開かれる市場（いちば）や百貨店，スーパーマーケット，コンビニなどが存在しなかったら，私たちの生活はどのようなものになるでしょうか？

生産者から直接買う？

例えば，私たちが日頃からよく利用するコンビニ，例えば，セブン-イレブンで，おにぎりを買うとします。セブン-イレブンの店頭では，おにぎりは作っていません。おにぎりは，店舗とは離れた工場から運ばれて来ます。私たちは，直接，おにぎり工場には買いに行けません。

おにぎりの他にもカゴメの『野菜生活100』を一緒に買うこともあります（写真6-2）。『野菜生活100』はおにぎり工場で作られていますか？　いいえ，別

《写真6-2》　カゴメの『野菜生活100』のラインナップ（一部）

（写真提供）　カゴメ

の工場で生産されています。

　また，コンビニ店頭では，おにぎりと野菜ジュース以外にも雑誌を買えますが，雑誌はおにぎり工場でもカゴメの工場でも作られていません。それが，店頭には，多くの種類の商品が並んでいます。なぜでしょうか。

| 消費者に直接売る？ |

　売り手の立場でも考えてみましょう。例えば，いま挙げたカゴメの『野菜生活100』は，那須工場（栃木県）・富士見工場（長野県）・茨城工場（茨城県）の3つの工場で生産されています。一方で，『野菜生活100』を飲みたい人たちは全国にいます。

　さあ，カゴメの営業担当者は，全国の家や職場へ直接に売りに行くのでしょうか？　答えは，そうですね，もちろん「いいえ」です。もしカゴメの営業担当者が消費者の1人ひとりに直接売りに行くとしたら，必要な営業担当者の数や人件費や交通費，時間などが膨大に必要となります。

　この問題を解決したのが，百貨店やスーパーマーケット，コンビニなどです。

(1) 市場という人類の大発明

　多くの売り手と多くの買い手が，相手を求めて必要な買物をするならば，そこにかかる手間暇や費用は天文学的な数字になり，とても現実的ではありません。

　その難しい問題を解決したのが，市場や百貨店，スーパーマーケットやコンビニなどの販売方式で，その方式を専門用語では「ワン・ストップ・ショッピング "one stop shopping"」と言います。

　売り手と買い手が一堂に会すれば，買い手は売り手を全世界を探して交渉する手間暇，費用が劇的に低下しますし，売り手にしても1カ所ですべての買い手に会うことができるので，やはり手間暇，費用が劇的に下がります。

　この「ワン・ストップ・ショッピング "one stop shopping"」は，人類が発明した画期的なシステムです。

取引数単純化の原理

ワン・ストップ・ショッピングでは，専門用語でいう「取引数単純化の原理」が働いています。

図表6-1では，左側がメーカーと消費者が直接に取引する〔直接取引〕で，右側はメーカーと消費者の間に卸売業者や小売業者が入る〔間接取引〕です。どのように異なるのか，考えましょう。

商品を生産するメーカーがA〜Dの4つで，一方，商品を買う消費者を1〜4までの4人とします。Aはお弁当工場（北海道），Bは飲み物工場（神奈川），Cはお菓子工場（大阪），そして，Dが雑誌工場（大分）だと仮定します。

直接取引の場合

もしあなたが消費者1で，お弁当とお茶とガムそして雑誌を買おうとすると，最低4つのメーカーと取引をしないといけません。4つのメー

《図表6-1》 取引数単純化の原理

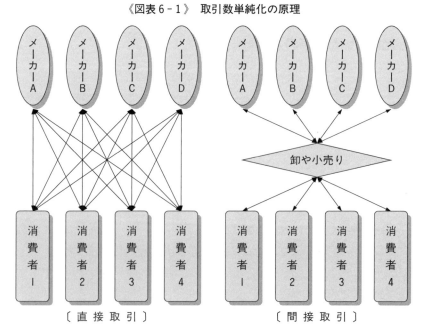

（出所）筆者作成

カーと 4 人の消費者がいれば，最低 4 回 × 4 回 = 16 回の取引が社会全体で必要となります。直接取引はとても多くの時間と労力とお金が必要になります。

間接取引の場合

もしメーカーと消費者の間に，卸売業者や小売業者などの流通業者が介入し，これらの取引を一手に引き受けると，メーカーA は流通業者と 1 回の取引で済みます。他方，消費者 1 もスーパーマーケットなどの流通業者のところへ行けば，メーカー 4 社の商品が 1 回の取引で済みます。社会全体で見ても，メーカーと流通業者の取引が 4 回で，消費者と流通業者の取引も 4 回となり，計 8 回で済みますから直接取引の半分の回数になります。

流通にも規模の経済が働く

流通にも規模の経済が働きます。最もわかりやすい例は，流通業者が使うトラックでしょう。例えば，北海道のメーカーA で作られたお弁当 1 個を，東京の品川にあるセブン-イレブンへ届けるとします。

高速も含めた運賃はおよそ 4 万円前後，これに燃料費と人件費，トラックの維持費用などを含めると，お弁当 1 個を運ぶのに莫大な料金になります。ところが，このトラックの積載重量一杯のお弁当を積むことにしましょう，お弁当であれば最大数千個を運べます。すると，お弁当 1 個を運ぶに必要な経費は，先ほど 1 個にかかる費用の数千分の 1 となります。

このように，生産だけではなく，流通においても規模の経済性が働きます。

(2) 百貨店の商品が高い理由

話を戻すと，なぜ，百貨店の商品は高いのでしょうか？

ル・ボン・マルシェは，ロンドンで開かれた世界万博にヒントを得て，1 度きりで終わる世界万国博覧会ではなく，いつでも訪れることができる常設万国博覧会を作ろうとしたのでした。そこでは，世界中から珍しいものが集められ，いつでもそれを見て買うこともできるのでした。百貨店は，輸送にかかる費用や，その華やかさを演出する内外装に必要な費用をかけて，来るべき「消費社会」を象徴する憧れの場所だったのです。

対面販売には人件費がかかる

百貨店の商品が高いもう1つの理由は，「対面販売」という販売方法法を採用したからです。世界中から集められた膨大な商品の数々は，ほとんどの人にとって目新しいため，お客には事細かな説明が必要だということです。商品を説明する販売員には，多くの人件費が必要です。これが2番目の理由です。

人件費の低いセルフサービス

スーパーマーケットなどの商品が安いのは，セルフサービスという方式を採用しているため，人件費をかなり低く抑えることができるからです。スーパーマーケットだけでなくホームセンターや100円ショップ，ドラッグストアや本屋なども販売員は最小限しかいませんから安いのです。

セルフサービスの盲点

ただ，セルフサービスという販売方法は，商品を安く提供する優れたシステムですが，それを悪用する人がいます。いわゆる万引きです。万引きをさせないためには，すべての販売方法を対面販売にして，その店がどのような商品をどれだけ在庫として持っているかを見せないという前近代的な販売方法に戻らざるを得ません。これは，現代社会が発明した画期的な販売方法を冒瀆するもので，その意味でも，万引きは重罪であり反社会的行為なのです。

2 デパート販売員の1日

山下孝美さん（仮名）は，銀座の百貨店で働くファッション販売員です。銀座はどんな街なのでしょうか？ 道行く人に聞いてみました。ある女性は，「たまに行きます。ブランド品がたくさんあって，いろいろと見比べられるのがいいですね」と話します。

一方，若いカップルに尋ねると，「年代的には僕らよりも上の世代が行く場所ですかね」とのことです。女性2人組にも聞いてみたところ，「桁が1つ違う」のだそうです。百貨店のターゲットとなる人々は，いわゆる富裕層であったり，

あるいは、「今日は誕生日だから特別に奮発して買っちゃおう」と考える顧客層のようです。

一般的なイメージは、ファッションの最先端を行く街というもの。庶民的なスーパーマーケットとはずいぶん雰囲気が違います。

⑴　1日の始まり

山下さんの仕事は、店頭での服に着替えることから始まります。仕事で着る服は、お店を代表するイメージを表しますから、服のチョイスには念には念を入れます。今日は、季節を先取りした服を選びました。

店内の雰囲気も夏から秋をイメージした色使いに変えました。開店までの30分間に、店内を隅々まで磨き上げます。ゴミが落ちていたり、商品が整然と並んでいなかったりすると、お店の印象が台無しになってしまうからです。

山下さんのお店で扱うファッションは、若者で比較的裕福な女性をターゲットとして仕入れ展示しています。ファッションの中でもアパレル（衣服）を中心に揃えているお店です。

百貨店のかなりのスペースが婦人服売り場ですので、業績を左右する大事な売り場です。山下さんの店頭での役割は接客。販売員は、お店を訪れるお客に十分な服選びやコーディネートを提案できるように、店頭商品のすべてを知っていることが必要です。

また、声かけのタイミングと最初の一言、そして、お客の好みを聞きだすテクニックにも気をつけます。最近は、セルフサービスに慣れた人がほとんどなので、熱心に商品を勧めるのではなく、「付かず離れず」でお客との微妙（絶妙）な距離感を保つことが大事です。

例えば、「宜しければ、お鏡をご覧ください」「これは秋の新作です」というように気を付けて、山下さんの好みは押し付けません。また、お店として一押しの商品であっても、それを無理に勧めることはありません。お客がその場の雰囲気だけで買ってしまい後悔するようでは、もうそのお客は二度とやって来なくなるからです。

結果的に何も買わずにお客が帰ったとしても、それは将来の顧客につながる可能性があるので、肩を落とさずに気分を切り替えます。

(2) 最初の来店客への対応

　お客がやって来ました。ブーツに合うデザインのデニムを探しているようです。山下さんは，ブーツカットと呼ばれるデニムを取り出します。それに合うワンピースも欲しいということなので，山下さんが見立てて，お客に試着してもらうようにしました。

　試着したお客は，普段はヒールのない靴を履くというので，デニムと靴との相性を見るために，ヒールなしの靴も用意します。前もって準備しておくというのは，お客が納得するためには必要なことなので，靴も，さまざまなスタイルとサイズのものを常時揃えています。隠れた努力だと言えます。

　決して安くない銀座の百貨店の商品だからこそ，お客には100％商品に納得してもらう必要があります。だからこそ，高価格でも納得されたお客は，これからも何度も売り場に足を運んでくださるようになるのです。

(3) 顧客データベース

　仕事の合間を見つけて，山下さんは，手書きのDM（"Direct Mail"「ダイレクトメール」は，個々の顧客へ送る商品や販売の情報）を，メッセージを添えて丁寧に作ります。

　山下さんが日頃からお客の印象や好みなどをメモしている顧客カードを見つつ，お客の顔も目に浮かべながらメッセージの内容を決めていきます。1人ひとりの顔を思い出しながら，この方には今度はどんな服を勧めようかなどを決めていきます。この地道な努力が，将来の顧客の来店につながるのです。

　企業にとって，山下さんの顧客カードはいわばデータベースと言えます。

　データベースというとコンピュータ内に記録されたものと思いがちですが，紙媒体や頭の中の記憶もデータベースと言えます。このようなデータベースに基づいて顧客1人ひとりにきめ細かで異なる対応をすることを，ワン・トゥ・ワン・マーケティング（one to one marketing）と呼びます。最初の"one"は企業で，次の"one"は消費者のことです。

　あるホテルの玄関に立っているドアマンは，約5,000人のお客の顔と名前，勤務先，役職，車種車番，車の色をすべて把握しているそうです。これらの情報

も脳内に記憶されたデータベースです。

(4) 買う気分はとても大事

夕方になると，お得意様が来られました。もう顔を見ただけでどのお得意様かがわかります。彼女は，山下さんのファッションセンスをとても気に入っている方で，山下さんが店頭で来ている服だけでなく，山下さんが身に付けているアクセサリーにも興味を持っています。

その方は，「同じものを買うのでも，感じの悪い人からは買いません。本当に欲しいものでも，日を改めて違う店員から買うこともあります。商品というのは，商品そのものも大事ですが，人としてきちんとした方から買いたいです。山下さんは，センスも良いですし，笑顔もとても素敵ですよね」と話します。

商品の価値を決定する要素の中には，"基本価値"というものの他に"周辺価値"というものがあり，その代表例が"雰囲気"です。商品に満足するとは，商品そのものも大事ですが，それを"買う気分"もとても大事です。

例えば，同じ薬をもらうのでも，機嫌の良い医者と機嫌の悪い医者とでは，薬の有難味に差がつきます。コンビニに入ってガム1つ買う際，笑顔の店員とそうでない店員とでは，やはり気分が違います。

「よい買物をした」という言葉の中には，「安く買えた」という側面もありますが，「気持ちよく買えた」という側面があるのを忘れないようにしましょう。

(5) ファッションセンスを磨く

山下さんは，休憩時間や休日に，街に出ることが少なくありません。他店の商品展示の仕方（ディスプレイ）や品揃えを見たり，街ゆく人たちのファッションを観察したりして，自分の中にファッションのトレンドを取り込みます。特に，アパレルは季節に先駆けてファッション・ショーが開かれたり，ファッション誌の特集も組まれたりしますから，ファッションを先取りするのが，センスを磨くことにつながります。

山下さんは，お客から質問を受ける一方で，お客へアドバイスもしたりします。そのために，同じ販売員との意見を交換したり，主に服の買い付けを行う先輩バイヤーに学んだりして，情報を仕入れ，さらにセンスを磨きます。

勉強会が開かれたり，先輩バイヤーの買い付けに同行したりすることもあります。もちろん，ファッション誌や業界紙のチェックも欠かせません。場合によっては，お客から教えられることもあります。流行をどう取り入れて，どのような服やアクセサリーを仕入れて店頭に置くか，難しい判断が迫られます。

山下さんはバイヤーの先輩が買い付けに行く時は，できるだけ同行するようにしています。その理由は，まず，自分が店頭で扱っている商品のことを熟知し，販売員としての技術とセンスを磨きたいからです。

また，山下さんは将来的に自分もバイヤーの仕事に就きたいと思っていることが，もう1つの理由。さらに，海外ブランドの日本オリジナルの商品も提供したいと思っています。ですから，ニューヨークの展示会でも，お店に来られるお客の顔を1人ひとり思い浮かべながら，自分が納得いくデザインやサイズ，着心地，そして色などを選んで，先輩バイヤーの意見や感想を仰ぎます。

(6) フェアの準備と開催

山下さんの勤める老舗百貨店でも，秋物商戦に備えて8月の半ばにフェアを開くことになっています。今回は，人気ブランドと協力して，フェア限定の服も十数カ月前から準備してきました。今回は大規模なファッション・ショーと並行して，店舗内も「新作秋物特集」と銘打ったフェアを行います。

先輩バイヤーからは「狙いは良いと思いますし，独創的でありつつ，売れ筋もきちんと押さえていますね」と嬉しいコメントをもらいました。問題は，この服を何着仕入れるかです。

フェア前日には，一押しの海外ブランドと一緒に，日本独自企画の限定キャミソール・ワンピースも店舗に届きました。百貨店の閉店後，これらの服をどう目立たせながら，同時に，雰囲気は秋らしい落ち着きのあるものにするか，知恵を絞ります。

今回，日本に紹介する海外ブランドとの協力（コラボ）で企画した日本オリジナルの商品が届きました。山下さんは，先輩バイヤーと今回のフェアの責任者と一緒に，その出来上がりを確認します。

若い女性に特に人気のキャミソール・ワンピース（**写真6-3**は，そのイメージ）は，その色や柄を山下さんとその同僚の販売員と何度も相談して決め

《写真 6-3》 キャミソール・ワンピース

（写真提供） 株式会社シライ【le reve vaniller】

ました。実際に自分たちが企画して作ったキャミソール・ワンピースを手にするのは，今日が初めてです。

　特に，店内でも一番目立つ場所には，今回のお勧めをさりげなく強調しつつ，服のコーディネートを提案します。明日のフェアは期待と不安でいっぱいです。

　フェア初日は，山下さんは，商品の企画から開発まで手掛けた日本限定のキャミソール・ワンピースを着て，店頭でお客を待ちます。そのキャミソール・ワンピースを着せたマネキンがある一方で，販売員も「一押し」商品としてこのキャミソール・ワンピースを着て店頭に立ちます。

　そうする中，山下さんの来ているキャミソール・ワンピースを試着したいという方が現れました。さっそく試着室に案内し，お客が持っている自分のイメージに合うか確かめてもらいます。いろいろな質問などへ答えながらお話ししていると，そのキャミソール・ワンピースを買う決心をしてくださったようです。

初めて手がけた日本限定品の最初のお客です。

　山下さんは，心の中で「やった！」と叫びました。先輩バイヤーも様子を見に来てくださり，ディスプレイの完成度や来店してくださるお客も見て，OKの言葉をもらいました。このフェアは2週間続きましたが，色違いで仕入れた計40枚は完売です。自分の目の付け所やセンスに自信を持った山下さんです。

(7)　与えられる仕事と創り出す仕事

　もし，山下さんが「自分は販売員だから販売のことだけしておけばいい」と考えていたなら，山下さんを指名してくださるお客もできないでしょう。また，海外ブランドの日本限定モデルを完売させることはできなかったでしょう。肝心なことは，「自分は何の仕事をしているか？」をきちんと意識することです。

　どうすれば，デパート販売員になれるのでしょうか？　大きく分けて2つの方法があります。1つは，デパートの社員になること，もう1つは，ブランドやメーカーなどから派遣されることです。

　いずれにしても，現場を知っていることに加えて，バイヤーの仕事や商品企画開発の仕事，そして，広告宣伝や広報の仕事にも精通しておくことが求められます。これらに加えて，山下さんは言います「販売員にはお客さまの幸せを願う気持ちが大切です」と（参考資料『あしたをつかめ〜平成若者仕事図鑑：デパート販売員』NHK-ETV 月曜日　19：30〜19：55，2008/08/30）。

3　営業や販売の諸特徴

(1)　営業や販売は，販売促進（Promotion）戦略の1つ

　広告宣伝や広報などの情報を補うのが，営業や販売の仕事です。例えば，ハイビジョン対応テレビという言葉を知っている消費者は多いと思いますが，4Kテレビという言葉も耳にすることもしばしばあります。ハイビジョンよりも更に美しい画面が見られると宣伝していますが，何が違うのでしょうか？

　こんな時，頼りになるのが営業や販売の担当者です。消費者の専門知識は，人によって大きく違います。ですから，初心者にはわかりやすい説明をする—

方で，４Kに詳しい人には，より高度な商品知識による説明が必要となるのです。消費者の素朴な質問から専門的な質問まで答えられるように訓練されているのが，営業や販売の担当者なのです。

　このように，営業や販売では，情報の流れが一方向の広告宣伝や方法と異なり，商品情報が企業と消費者の間を相互に行き来する双方向の性質を持っています。そのため，消費者に応じてきめ細かく話を聞いたり，また，その内容に応じて提案内容を変えたりします。聞き上手と提案上手の両方が求められます。

(2)　教訓 ①：常に準備しておくこと

　よく耳にするフリーターの言葉に「やりたい仕事が見つかったら働くよ」というものです。この発言には，反面教師になる２つの教訓を含んでいます。

　まず，働かない限りやりたい仕事は見つかりません。頭の中の極めて少ない情報だけでは，仕事を選択するに必要な情報が絶対的に足りないからです。

　２つ目の理由は，チャンスが来てから準備しても間に合いません。海外の諺に「幸運の女神には後ろ髪がない」というものがあります。前もって準備してきた人にだけチャンスが訪れるのです。ビジネスでも家庭でも同様です。

(3)　教訓 ②：社会生活で一番大切なものは，信頼・信用

　キングスレイ・ウォードが書いた『ビジネスマンの父より息子への30通の手紙』（新潮文庫，1987年１月，城山三郎訳）は，30年近く売れ続けているベストセラーかつロングセラーです（2018年現在，日本で140万部）。

　その30通の手紙の中で，もし１通選ぶとしたら？　という問い掛けに「誠実さの代価（第６通）」だと答えています。著者は，アユブ・カーンの「信用というものは細い糸のようで，いったん切れると再びつなぐのは不可能に近い」という文を引用して，信用の大切さを教えてくれます。

(4)　営業と販売の違い

　２つとも販売促進戦略（Promotion）の１つですが，営業の相手は個人や企業などであるのに対し，販売の相手は，個人（最終消費者）です。両者とも双方向のコミュニケーションであることは同じです。

(5) 小売業の重要な役割

　百貨店やショッピングモール，大型スーパーマーケットなどを散歩がてら歩き回るのは楽しいものですが，毎日の買物となると，そんな余裕はありません。欲しい商品を見つけるために店内中を歩き回るのは，ひどいストレスになります（精神的かつ肉体的疲労や時間の浪費，不機嫌……）。

　その意味で，目的の商品にいかにストレスを感じずにたどり着けるようにするかが，小売業の果たすべき重要な課題となります。それらを解決するために，棚作り・レイアウト・店内広告（POP：Point Of Purchase），そして，一方的な売り込みではなく，聞き上手で相手に合わせた提案ができる店員が求められます。それを可能にするための豊富な商品知識の勉強やセンスを磨くことも大事です。

―――《考えてみよう》―――
Q13　服を買わないお客を相手にするのは無駄なことでしょうか。「イエス」「ノー」のどちらであっても，その理由を説明しましょう。
Q14　ノルマを達成するには，少しは無理して売らなければならないのでしょうか？
Q15　販売員の業績をどう評価すべきでしょうか？

第7章

マーケティングの仕事：
バイヤーとマーチャンダイザー

　営業や販売が，商品を企業や最終消費者に売り込む役割を担うのに対して，バイヤーとマーチャンダイザーは，店舗で扱う商品を仕入れる役割を担います。

　店頭にどのような商品を並べれば，もっとも売上げが上がるかを考えて，商品の仕入れをします。メーカーなどの営業が，商品の売り込みに来るので，売り込まれた商品がどのくらい売れるのかを判断しつつ，仕入れの値段や数量，納期などを交渉します。

　また，どちらも商品企画開発や販売員を兼務したりすることもあります。

1 スーパーマーケットの誕生

　百貨店とスーパーマーケットの違いは，何でしょうか？　百貨店とスーパーマーケットを比べると，百貨店の商品は高額であるのに対し，スーパーマーケットの商品は低めというイメージがありますし，実際にその通りです。なぜ，そのような違いが生じるのでしょうか？

対面販売とセルフサービス

　その理由の1つは，第6章で説明したように，百貨店が販売員による対面販売のため人件費が高いのに対して，スーパーマーケットはセルフサービスで人件費を安く抑えられるからです。

　ちなみに，スーパーマーケットが出現する前は，今でいう商店街で買い物をすることが普通であり，お客は店員から商品の説明を受けるのは常識でした。ですから，スーパーマーケットが出現した初期の頃は，店員からの説明がない

ことに寂しさを覚えるお客もいたようです。

委託販売と買い取り

百貨店とスーパーマーケットの価格が異なるもう1つの理由は，百貨店は「委託販売」という方式を取っており，これは"売れなければ（メーカーや問屋に）返品できる"方式で，売れ残ることを前提に店頭価格を高めに設定しているためです。これに対し，スーパーマーケットは，仕入れた商品はすべて「買い取り」なので，売れ残りを出さないようノウハウを蓄積しています。

売れ残りを出さないと言葉で言うのは簡単ですが，商品がどれだけ売れるかを予想して仕入れる商品の種類と数量，そして，タイミングを決定するのは容易ではありません。そのため，初期のスーパーマーケットでは，売れ残りや売り切れが続出し，倒産する店も多く，「スーッと現われて，パーッと消える」と揶揄されることもありました。

現在，POSシステムの導入によって，「売れ筋」商品と「死に筋」商品の見極めができるので，仕入れ計画をかなり正確に立てられるようになりました。

2 スーパーマーケット・バイヤーの仕事

今回，皆さんに紹介するのは，従業員3,600人・37店舗・5万種類に及ぶ商品で展開する中規模スーパーマーケットで働くバイヤー，入社8年目の大島早紀さん（仮名）30歳です。仕入れの仕事以外にも商品陳列なども担当します。

(1) バイヤーは仕入れ担当

大島さんの仕事は，このスーパーマーケットチェーン全体のお菓子の仕入れを担当しています。バイヤーは世の中に溢れている多種多様な商品から，自社の店舗で売れるだろうと予測できるものを選びます。

店舗の商圏に住む人たちのことや季節，行事，人々の関心の中身など，商品選びには多くのことを考える必要があります。そして，どの商品を，いつ，どれだけ仕入れるか，そして，それらの商品をどう陳列するかまで考えます。

お客が喜ぶのは，一般的に，スーパーマーケットの品揃えが豊富にあること

《写真7-1》 「なっとういち」と「明治チョコレート」

なっとういち　　　　　　　　明治ミルクチョコレート

（写真提供）Mizkan　　　　　（写真提供）明治

《図表7-1》 数多くの商品からバイヤーが厳選した品揃えを行う

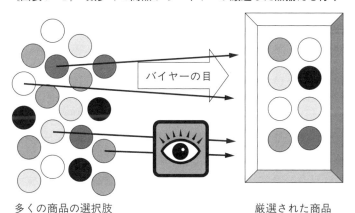

多くの商品の選択肢　　　　　　　　　　　厳選された商品

（出所）筆者作成

です。極端な話，納豆が「なっとういち」（写真7-1）しかないのでそれしか買えないとか，板チョコを欲しいのだけれども「明治のミルクチョコレート」（写真7-1）しかないとすれば，どうでしょう？　困りませんか？

　しかし，店舗面積が限られているので，すべての商品は置けません。売れ筋と死に筋を見極めて利益が最大になるような「最適な品揃え」をしなければなりません。それをするのがお菓子バイヤー，大島さんの役目です（図表7-1）。

⑵ メーカーとの交渉

　大島さんのところへは，自社商品を仕入れてもらうと，メーカーの営業担当者が何人もやってきます。その様子を見てみましょう。
　最初に来たのは，新作のチョコレート味のスナック菓子で塩気が効いた商品の営業です。

　　営　業　Ａ：「今年は塩味が流行っています。これが塩味の付いたチョコレートです」
　　大島さん：「ここに"塩"が来たんですね」
　　営　業　Ａ：「どうでしょうか？　きっと売れ筋になりますよ」
　　大島さん：「そうですね，検討します。詳しい内容は後日相談しましょう」

　次は，おもちゃメーカーの営業との交渉です。アニメキャラクターのお菓子の詰め合わせを持ってきました。

　　大島さん：「このキャラクターの反応はどうなんですか？」
　　営　業　Ｂ：「テレビの視聴率が非常に高いので，キャラクターとして好調です」
　　大島さん：「キャラクター商品は，子どもの反応が良いというのは魅力的です」

　３番目にやって来たお菓子メーカーの営業は，パーティー用のお菓子を売り込んできます。パッケージも華やかで分量も多く，確かにパーティー商品としては心が動きます。

　　営　業　Ｃ：「これは季節限定の商品で数に限りがあります」
　　大島さん：「季節限定商品ですか，お客さまは限定品は欲しがりますからね」
　　営　業　Ｃ：「そうです。みんなと一緒にワイワイ食べられるのが良いんです」
　　大島さん：「ただ，今は秋で11月ですね，七五三くらいでしょうか，人が集まるのは。最近は，10月末に日本でもハロウィンが少しずつですが，浸透してきています。ちょっと悩みどころです。お時間をくださ

い」

　次の営業はせんべいメーカーからやって来ました。前回，夏に交渉した時は，夏にはせんべいは売れないと大島さんが判断したため仕入れませんでした。

　　営　業　Ｄ：「他のスーパーマーケットでは売れ行きが好調で，そのまま定番品として置いていただいているお店もあります」
　　大島さん：「そうですか，こちらの判断ミスでしたね。読みが甘かったです」

　今日売り込まれた商品はおよそ200種類ですが，この中で店頭に並べるには，10分の１くらいに絞り込まなければいけません。それぞれ魅力のある商品ですが，売り場面積の制約を考えると，厳しく選別しなければなりません。

(3)　最適な品揃えを目指して

　事務室のパソコンには，各店の売上げデータ表が映し出されています。売上げが増加した店舗もある一方で，売上げを減少させてしまった店舗もあります。
　大昔と異なり，ＰＯＳシステムで集計・分析されたデータがありますが，それでも万全とは言えないので，バイヤーのセンスと勘が要求されます。
　バイヤーは，スーパーマーケットの売上げを左右するとても重要な仕事なので，このままではいけないと危機感を募らせます。花形の職種ですが，不適格と判断されれば他の部署へ異動しなければなりません。
　もっともっと商品について学ばねばならないことがたくさんあります。どの仕事でもそうですが，消費者が満足できる商品を提供することが前提ですから，詳しい商品知識は欠かせません。
　商品販売者にとって最も好ましいのは，売れ残りもなく，かつ，売り切れもないことです。売れ残りはコストが回収できないので赤字になりますし，売り切れということは，まだその商品を欲しい消費者がいて，せっかくの販売機会を失ってしまったことを意味するからです。
　マーケティング論や流通システム論では「最適な品揃え」という言葉を使い，また，経済学では「需給均衡点」「最適在庫」という言葉を使います。店頭でも倉庫でも，可能な限り，売れ残りや売り切れがないことを指します。どのよう

な商品をどれだけ生産し仕入れるかが，勝負のカギを握っていると言えます。

不要な在庫を持つと，それだけ光熱費や人件費などの費用が余分に発生して利益を圧迫しますし，反対に，在庫が足りないと売り切れが発生し，売れる機会を失う「機会損失」（チャンスロス）が発生するので，適正な生産量や在庫量の問題は，人類を長く悩ませてきました。

(4) さまざまな市場調査

POSシステムで得られた販売データの欠点は，既に買われた商品についてはわかりますが，どの商品が「売れそうだったか」がわからないことです。そのため，店頭のお客の購買行動を観察することも大事な市場調査です。

家族の意見も市場調査

大島さんは，自分以外の人の感想を聞くために，仕入れるかどうかを検討中の商品を自宅に持ち帰り，家族に聞きます。母親は年配の人の代表，姉には子どもを持つお母さんの代表，そして，姪は子どもの代表として意見を言ってもらいます。家族ですから遠慮のない意見が聞けます。

大島さん：「このおやつは手に持ちながら食べられるので，いいんじゃない？」
姉　　　：「子どものおやつにしては太いし量も多いよ，おやつにこれを食べたら夕飯は食べなくなるよ」
母　　　：「こっちのお菓子も子どもには多いわね，半分くらいがちょうどいい」
姉　　　：「このお菓子は味はいいけれども，口からぽろぽろ落ちちゃうわ」

このような辛口の感想は，家族ならではのものです。

市場全体を調査する方法

消費者が何を欲しがっているかを知るための最良の方法は，すべての消費者を調査することですが，現実的ではありません。そこで消費者全体を代表するような人々を集めてきて，その人たちを調べる「標本調査」を行いま

す。

　商品に対する好みが非常に多様化した現代では，自分の考えが一般的なものかどうかを常に気をつける必要があります。

(5) 売り場を作る

　大島さんは，POSデータの分析から，若い世代のファミリーが多い店舗と，高齢者が多い店舗の2つがあることに気づきました。ターゲットが異なれば，品揃えの中身も変えなければいけません。陳列棚への商品の置き方にも工夫がいるでしょう。ターゲットのお客が買いやすい売り場づくりが求められます。

　お菓子の中でも広い面積を取るのがキャンディ売り場です。若いファミリー層が多い店舗では，子どもの目線の高さにキャラクターの位置を持ってくる一方で，高齢者が多い店舗では，高齢者の好む和風味や健康に良い成分が入った商品を，高齢者の手に届きやすい高さに下げて置きました。

　問題は，人気が高くリピーターのいるのど飴をどこに置くかです。大島さんは，売れ筋商品はどこに置いても売れると考えて，陳列棚の上部にのど飴のコーナーを持ってきました（図表7-2）。さて，この新しい陳列方法を全店舗で採用し展開するに当たって，上司たちの判断を仰がねばなりません。大島さんは，上司のバイヤーや食品売場の責任者7人との会議に臨みます。

上　　司：「キャラクターものは，女の子向けと男の子向けとほぼ網羅している？」
大島さん：「他の年齢層向けのものも揃っています」
責　任　者：「40代から60代にかけてのお客さまが好まれるのど飴は，全部，上段に集中しているのだけれども，取りやすいのかな？」
大島さん：「のど飴のほうは，ほとんどがリピーターの方なので，どこに置いても売れるのではと考えました」
責　任　者：「それで買いやすいのかな？　絶対，買いにくいよ」
上　　司：「買いやすいかどうかではなくて，スーパーの理屈になっていない？」
責　任　者：「どうせ売れるのだから，多少の不便をお客さまにかけても良い，

第Ⅱ部　マーケティングの実際を知る

《図表7-2》　商品の棚に置く飴のイメージ

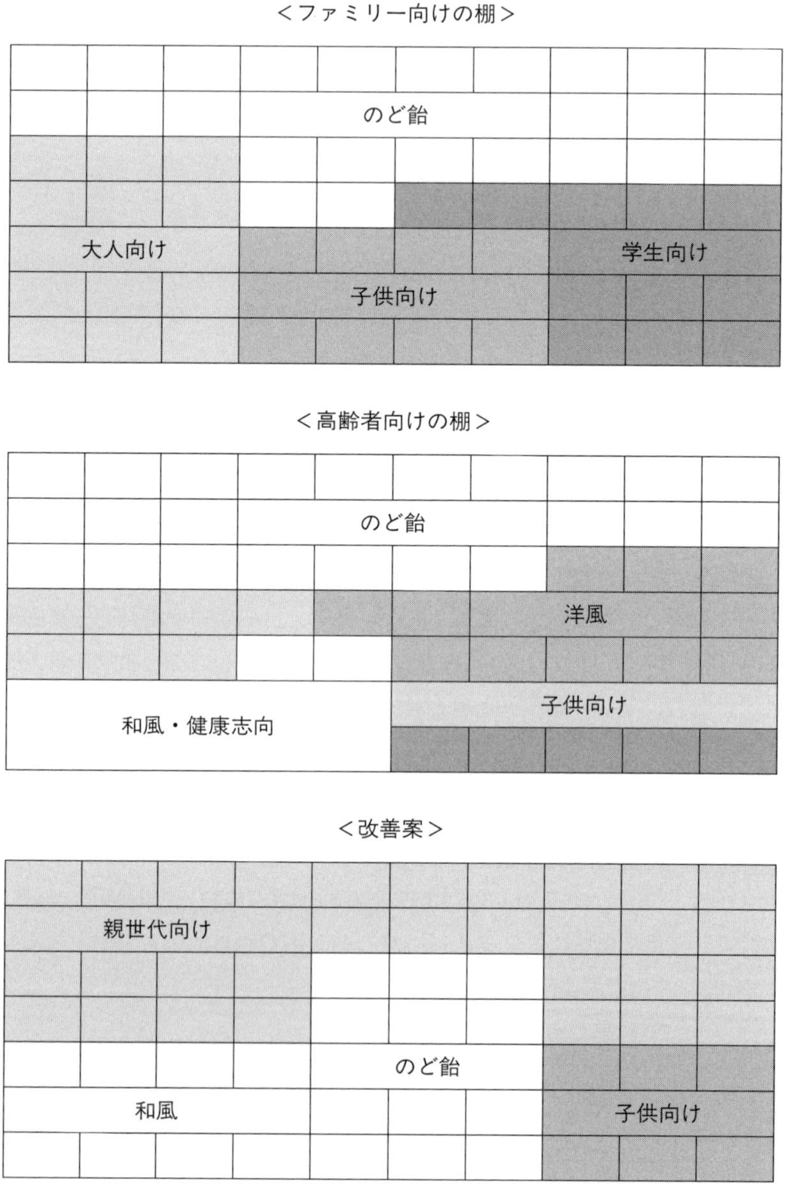

＜ファミリー向けの棚＞

				のど飴				
	大人向け						学生向け	
				子供向け				

＜高齢者向けの棚＞

			のど飴				
					洋風		
	和風・健康志向			子供向け			

＜改善案＞

	親世代向け						
				のど飴			
	和風					子供向け	

（出所）筆者作成

ということで，果たして本当に売れるかな？」
上　　司：「売り場の原則は，買おうと思っている商品が楽に見つけられるということでしょう。取りにくいから要らない，というお客さまもいると思うんだ。
大島さん：「わかりました。もう１度，検討させてください」

　会議から３週間後，大島さんは，どのように指摘された問題を解決したのでしょうか？
　ファミリー向けの店舗では，子ども向けの飴は棚の下段に，その親世代が買う飴は子供向けの棚のすぐ上，懸案ののど飴ですが，これは棚の真ん中に持ってきました。家族が探し回ることなく一緒に商品を見つけられることを優先した大島さんのアイディアです（図表7-2）。
　実際，家族連れのお客は，次々と飴を買って行きます。嬉しいことに，この日のお菓子の売上げは，前年比で17％増加しました。大島さんは言います，「楽しそうにお買物されている様子を見ると，とても嬉しくなります。でも，これで完成という訳ではなく，お客さまの嗜好の変化や客層の変化などがありますから，これからもお客さまの目線で考えて行きたいと思います」

(6)　常に現場を知る態度

　バイヤーになるためには，まず，売り場に出て，商品知識や商品の並べ方などのノウハウを学んだ後，その実績が認められてなることが多いようです。
　特に，変化の激しい現代では，消費者の動きを肌で感じずに，オフィスにこもり切ることは，大変問題です。私たちの多くが抱くイメージですが，例えば，社長は社長室にずっといて，報告書や企画書などを読んで指示を出していると考える人は少なくありません。
　しかし，不況でも業績の良い企業で働く人は，全員，現場感覚を大事にします。同時に大事なのは，社内のコミュニケーションが十分にあることです（参考資料『あしたをつかめ～平成若者仕事図鑑：スーパーマーケット・バイヤー』NHK-ETV 月曜日　19：30～19：55, 2007/09/29）。

3 バイヤーとしてのセンスを磨く

(1) 商品価値が価格よりも高くないと売れない

　人は，商品の「価値」が「価格」よりも高くないと買いません。不等式で表せば，「商品価値 ≧ 商品価格（値段）」であることが鉄則です。

　例えば，３Ｄ映像（立体映像）の先駆けとして有名な映画『アバター』ですが，通常料金よりも300円高く設定されていました。それでも大ヒットしたのは，『アバター』の価値が，通常の映画より300円以上あると観客が評価したからです（写真７-２）。

　人は，安ければ買うというのは，原則としては正しいですが，例外もたくさんあります。大切なのは，価格以上の価値を提供しているかどうかを考えることです。

　一方，価格破壊という言葉で，多くの商品が値引きされましたが，例えば，大幅に値下げしたお弁当がまったく売れなかったという現象も起こっています。

《写真７-２》 映画『アバター（ABATAR）』

©2012 Twentieth Century Fox Home Entertainment LLC. All Rights Reserved.
アバター　３Ｄブルーレイ＆DVD セット＜２枚組＞　ブルーレイ発売中
（写真提供）20世紀フォックス ホーム エンターテイメント ジャパン

常に考えるべきは、価格よりも高い価値があるかどうかです。

(2) プロに必要とされる資質

情報のアンテナを張る

まず、情報のアンテナを張り巡らせましょう。あることを知りたいと探してヒントを得られることもありますが、一方で、まったく関係のない本や映画などを見ていても、ヒントの種を得られたり、あるいは、「ひらめく」こともあります。先入観を持たずに、何でも見てやろうという姿勢が大事です。

直観とセンス

プロにはプロなりの「直感」や「センス」があります。直感やセンスは生まれつきのものだろうと反論する人はいますが、これは訓練次第で身に付けられるものです。大量の情報に接することで、「量が質に変化」します。それが、直感やセンスというものです。

そして、このようにして身に付いた直感やセンス、加えて、商品知識は、自店にくる顧客の代表として流行の先端を行く感覚につながって行きます。

―――《考えてみよう》―――
Q16 「買いやすい売り場」とはどんな工夫がある売り場でしょうか？
Q17 自動販売機で飲料水を買う人は、自販機のパネルに並べられた商品を左上から右下へ視線を動かす習性があると言われています。もちろん、無意識の行動ですが、皆さんも無意識にしている習慣を探して、言葉にしてみましょう。
　　　例）コンビニに入った時の、自分や友人たちの行動
Q18 思わず買ってしまう「衝動買い」は、どんな時や場所、雰囲気と気分でしょうか？　買って「良かった」「後悔した」の感想も教えてください。

第III部

マーケティング戦略を学ぶ

マーケティング論は，単なる知識の寄せ集めではありません。ビジネスの現場に必要なアイディアを生み出す知恵という名の道具なのです。マーケティング理論を知恵として学ぶことで，プロのビジネスパーソンに必要な能力を身につけてください。じっくりと考えることで，マーケティング理論が自分のものになるでしょう。

第8章

マーケティングの基礎知識

　さて，前章までで，マーケティングを学ぶ準備ができました。ざっくりとしたマーケティングのイメージがつかめたと思います。この章から，本格的なマーケティングの内容に踏み込んでいきます。まず，本章では，マーケティングの基本的な知識について学んでいきます。

1　大学の講義がわからない理由

　ところで，皆さんは，大学での勉強は難しくありませんか？　私の学生時代もそうでしたが，講義や教科書の専門用語を理解するのがうまく行かなく，そのため，理論の内容など全然頭に入って来ませんでした。何でこんな難しい言葉を使うのだろう，専門用語のみならず理論もまったく理解できず，途方に暮れていたのを思い出します。きっと皆さんも同じ気持ちではないでしょうか。

(1)　講義だけで"犬"が理解できるか

　例えば，皆さんが「犬」を知らないとしましょう。国語辞典を見ると，「古くから人間が家畜として飼い親しむ，いぬ科のけだもの。一般に勇猛で従順，嗅覚・聴覚が鋭いので，番用・狩猟用・警察用・労役用などにする。品種が多く，愛玩用のものもある」（岩波国語辞典［第5版］）とあります。
　学校で，この辞書のように言葉だけで教えられたら，皆さんはイメージが湧きません。けれども，この文を暗記して試験に臨むのです。でも，試験のためだけですから，すぐに忘れてしまうに違いありません。私は，そうでした。

経験が理解を促進する

ですから,「百聞は一見に如かず」という諺があるように,具体的なイメージがあれば理解できますし,記憶にも残るでしょう。そこで,可能ならば,実物が好ましいのですが,多くの場合,写真か動画などで説明します。

例えば,ソフトバンクのCMで有名な白戸家のお父さん,白戸次郎(北海道犬)を「これが犬ですよ」と言われれば,なるほど,そうか,と理解できます。言葉だけではなく実物を見れば,大学の講義ももっと理解しやすく知的興味も湧いてくるはずです。

多くの実例に触れる

ただ,1つ問題があります。犬 = 北海道犬ではないからです。もし,北海道犬 = 犬と習って,それから,ブルドッグやチワワを見せられたらどうでしょうか? 似ても似つかないので,「犬」なのか他の動物なのか分かりません。

ここで,必要なのは,さまざまな犬を見せることです。例は1つではなく2つ以上見て初めて「犬」というものが理解できます。次頁のイラスト(図表8−1)を見てください。これを見ると「犬」というおおよそのイメージがわかり,「犬」の説明もわかるでしょう。

普遍化と法則性

この問題は,難しい言葉を使うと「普遍化」の問題です。普遍化とは,1つひとつが微妙に異なっていても(具象または具体),共通する多くの特徴から一般的なイメージ(抽象)を引き出すことができることです。

マーケティングの話も,さまざまな商品を見て理解できるようになるのです。そうなると,今まで見たことがない犬や新しい商品をみても,それが何かを説明できるのです。

(2) 物事の特徴は比較からでしかわからない

「犬」を理解するには,もう1つ大事なことがあります。それは「比較」を通してしか,その特徴は理解できない,ということです。

《図表8-1》 さまざまな犬

©iStock/ゲッティ イメージズ ジャパン株式会社

　例えば，今ここに身長180cmの男性がいるとしましょう。この男性の身長は高いですか？　それとも低いですか？　日本人であれば，身長は高いほうです。
　でも，この男性が北欧に行くと，普通の身長だと思われます。身長が高いかどうかは，他の物事との比較でしか判断できません。
　特徴というのは，比較の結果，わかるのです。あの人は優しい，という特徴も，その人1人だけだと「優しい」のかどうかわかりません。少なくとも，もう1人いないと比較できません。

このことを理解すれば,「犬」を理解するには,猫や牛や豚などの「犬」以外の4つ足動物と比較しないとわかりません。そうでないと,4つ足動物＝犬になってしまいます。

このような特徴を比較しながら,似たものを同じグループとして関連付けるというのは,生き物の本能的な行動だと私は思います。それにより,対象ごとへの対応を変えることができます。

専門用語は不必要か？

ここまで話すと,それほど,専門用語は必要ないではないか!?　と思う人も出てくるでしょう。

しかし,例えば,次のイラストを見てください。これを何と言いますか？　おそらく,多くの人は「コップ」「グラス」と言うでしょう。

では,図表8-2とまったく同じものを見たことはあるでしょうか？

このイラストを見る限り,この「コップ」あるいは「グラス」は,色は透明で,ビン底は少々厚めです。縦のラインも下から上へ広がっています。まず,まったく同じものを見た人はいないと思います。もし,この物体に「コップ」や「グラス」という名前が付いてなかったとしましょう。

《図表8-2》　グラスのイラスト

日常生活にも専門用語がある

想像するだけで大変ですね。「コップ」や「グラス」という言葉がないと，たくさん説明しなければなりません。しかも，「コップ」や「グラス」が必要になる度に，何度も同じ説明をしなければなりません。これは，ひどいストレスになってしまいます。時間と労力を多く使わねばなりません。

そこで，発明されたのが専門用語です。「コップ」や「グラス」などは日常生活する上で必要な「（日常での）専門用語」だと言えます。ストレスをなくし物事を円滑に進めるための言葉が「専門用語」なのです。

本章では，マーケティングの基礎的な「専門用語」を学びます。専門用語は，大きく分けて次の4つのカテゴリーになります。それぞれ，順番に説明していきます。

- 企業の取引相手となる消費者に関連する用語
- 消費者と取引する商品に関する用語
- 主なマーケティングの仕事に関する用語
- マーケティング戦略に関する用語

2 企業の取引相手となる消費者に関連する用語

(1) 欲求と消費者

私たちが買い物をするのは，なぜでしょうか？　例えば，コンビニでおにぎりを買うとします。それはなぜですか？　おそらくほとんどの場合，お腹が空いたからです。お腹が空いたから，おにぎりを「欲しい」のですね。

欲求と商品

「欲しい」＝「欲求」が生じれば，それを満たす商品をお金を払って手に入れたいと思います。それを，マーケティングでは「購買意欲」（buying intention）と呼びます。しかし，購買意欲だけでは，欲求を満たすことはできません。商品を買うにはお金が必要です。それを「購買力」（buying power あるいは purchasing power）と言います。

さまざまな消費者

購買意欲と購買力がある人は「消費者」（consumer）と呼ばれますが、これは「（金・物・労力などを）使ってなくす者」という意味です。「消費者」の反対語は「生産者」（producer/seller/supplier：それぞれ「生産者」「売り手」「供給者」の意味）ですが、「消費者」と関連ある言葉は、「買い手」（buyer：買い手/購買者/デパートなどの仕入れ係/バイヤー）です。

ここまでで、似たような言葉が出てきました、「消費者」「購買者」「買い手」、これに「使用者」（user）という言葉も付け足しましょう。この4つの言葉は、ほぼ同じように使われますが、厳密には異なります。

消費者と購買者

「消費者」や「使用者」と「購買者」は、ほとんどの場合、同じ人であることが多いのですが、よく考えてみると、例えば、紙おむつを買う人は、赤ん坊の保護者である父親や母親などですが、それを使う人は赤ん坊です。

なぜ、このような区別が必要かというと、商品の広告宣伝を誰に向けて発信するのか？ という問題があるからです。紙おむつを使う赤ん坊や幼児に向けてコマーシャルしても、赤ん坊や幼児は購買意欲も購買力もありません。紙おむつを買うかどうかを決定する人は、保護者などの購買者です。

消費者と最終消費者

ちょっと脇道に逸れますが、マーケティングの世界では、「最終消費者」（ultimate consumers/end users）という用語をよく使います。単なる「消費者」と「最終消費者」はどう違うのでしょうか？

先ほどお話に出たおにぎりですが、コンビニの店頭で売られているおにぎりはコンビニが作っているのではありません。おにぎりを作るメーカーから仕入れています。「仕入れ」＝「買う」ですが、コンビニは自分では食べずに「（メーカーから）買って・売ります」

メーカーは、おにぎりの材料となるお米や具材を農家などから買っています。メーカーは、農家などから仕入れたお米や具材を「加工＝消費」してコンビニに売ります。このように、私たち消費者に商品が届く前に、材料などを「消費」

する人たちがいるので、その人たちとの区別が必要な時に「最終消費者」と呼ぶことがあるからです。

最終消費者と顧客

最終消費者も、企業はいくつかの段階に分けてお客の区別をします。まず、最初はただの「客」(customer) です。その中で、よくその企業の商品を買ってくれる客を「顧客」(customer) と呼びます。日本語では、一般の客と顧客を区別しますが、英語の"customer"には「客」という意味しかありません。顧客の中でも、特によく買ってくれる人を「得意客」「お得意様」と呼び、その人以上にたくさん買ってくれる客を「上得意（客）」「上得意様」と呼ぶ習慣があります。

なぜ、ここまで細かく区別する必要があるのかというと、経験的に2割の得意客が8割の売上げに貢献しているということが分かっているからです（2対8の法則またはパレートの法則）。例えば、DM（Direct Mail：ダイレクトメール）を誰にでも無差別に送るよりも、得意客や上得意客に広告宣伝費を掛けたほうが、無駄な出費をしなくて済みます。

(2) 市場と需要

次に説明する用語は「市場」「需要」についてです。「市場」(market) の意味を国語辞典で調べてみると、①いちば、②売行き先、③〔経済学用語〕売り手と買い手が規則的に出合って取引を行う組織　④〔マーケティング論〕消費者の集合、といった意味があります。

気を付けたいのは、経済学でいう「市場」と、マーケティング論でいう「市場」では意味がかなり異なることです。マーケティングでは、例えば、「中国には自動車の膨大な市場が広がっている」とか「アフリカでのホテル需要は高まっている」とか、あるいは、後できちんと説明しますが、「市場」や「需要」(demand) とほぼ同じ意味で「メキシコには高級コーヒーのニーズ (needs：「欲求」の意味) がある」などとも使います。

簡単に言うと、マーケティング論では、欲求を持った消費者の集合を「市場」と呼びます。一方、商品に対する購買力の裏付けがある欲求の集合を「需要」

として,「市場」と区別をする人もいます。

ちなみに,需要という言葉の変化形に「潜在需要」(potential demand),「有効需要」(effective demand),「仮需要」(imaginary demand),「実需要」(real demand) の4つがあります。

「潜在需要」とは,その商品を買いたいと思っている消費者または購買者のことで,その中で実際に購買力を持って商品を買う消費者または購買者のことを「有効需要」と呼びます。「仮需要」は,商品の生産や仕入れに先んじて「これだけ売れるだろう」という予測が入っていますが,商品を販売した結果の数字を「実需要」と言います。「潜在需要」と「仮需要」,そして,「有効需要」と「実需要」は,ほぼ同じ意味と理解して構いません。

(3) ニーズとウォンツ

日本語の「欲求」という言葉は,英語では"needs""wants"という2つの言葉が当てはまります。英和辞典を引いてみても,"needs"は,「①必要・入り用,②(通常は複数形で)入り用とする物のこと,③(遠回しに)困ったとき(状態)・困窮・貧困・不足・欠乏」とあり,一方,"wants"は,「①欠けていること,欠乏・不足,②必要・入り用,③困窮・貧困,④(複数で)必要な物(人),欲しい物,欲望」とあります。

どちらも「何かが欠けていて,それを埋めたい,満足したい」という意味になります。欠けているところを,何かで埋めたい,そういう気持ちが"needs""wants"です。イメージとしては,図表8-3のようになります。

《図表8-3》 "needs""wants"と「欠乏」のイメージ図

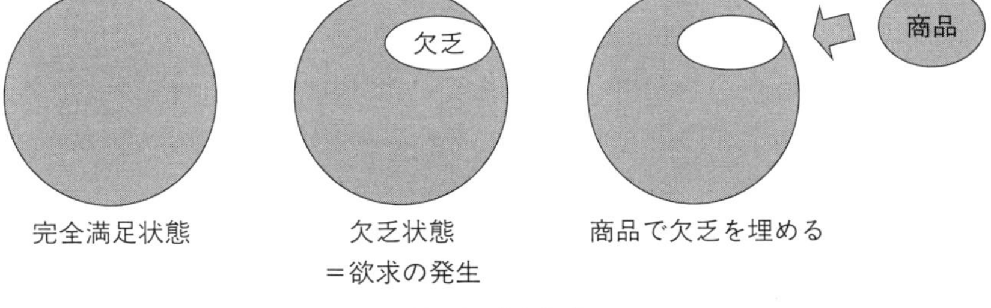

| 完全満足状態 | 欠乏状態
=欲求の発生 | 商品で欠乏を埋める |

(出所) 筆者作成

《写真 8-1》 各社エアコンのニーズとウォンツ

漠然としたエアコンのイメージ（ニーズ）

東芝製エアコン　　　パナソニック製エアコン　　　ダイキン製エアコン

（ウォンツ）　　　　　　（ウォンツ）　　　　　　（ウォンツ）

（写真提供）　左から，東芝ライフスタイル，パナソニック，ダイキン工業

ニーズとウォンツを使い分ける

　マーケティングの世界では，この2つを使い分けます。例えば，あなたが一人暮らしを始めるに至って，エアコンを買いたいと思います。まだ，どのメーカーにするか決めていません。この状態を"ニーズ"があると表現します。

　次に，どのメーカーにしようかと家電量販店の店頭で，いろいろなメーカーのエアコンがあるのを見て，どれにしようかと悩みます。

　メーカーの立場になってみると，エアコンに興味を持ってもらったので嬉しいのですが，他社のエアコンではなく自社のエアコンを買ってもらいたいですね。この特定メーカーあるいはブランドの商品を買うと決める心の動きが，"ウォンツ"です。漠然とした"ニーズ"が"ウォンツ"に変わったと言えます（写真8-1）。

テレビCMに見るニーズとウォンツ

　企業は，消費者に商品のニーズをかき立て，そのニーズを満たす自社商品へのウォンツへと導いていきます。その良い例が，TVCMの中にも見て

第8章 マーケティングの基礎知識

取れます。いくつかご紹介しましょう。

〈事例1〉 風呂釜除菌の商品（2003年放送）

　研究員：「このお湯，きれいだと思います？」
　主　婦：「え？」
　研究員：「風呂釜を洗わないと大腸菌などの雑菌に汚染されるのです」
　主　婦：「嫌っ！」
　研究員：「除菌ジャバしてください！　酸素と酵素のダブルパワーで
　　　　　すっきり除菌」
　ナレーション：「新しい除菌ジャバ！」

　１つひとつ細かく読み解いてみましょう。
　まず，研究員が「このお湯，きれいだと思います？」と主婦に問い掛けます。主婦は，何のことか分からないので面食らいました。彼女の心の中には，まだ，欲求が生じていません。
　そこに研究員が言います，「風呂釜を洗わないと大腸菌などの雑菌に汚染されるのです」と。それを聞いた主婦の心の中には「そんなの要らない」

《写真8-2》　除菌ジャバ

（写真提供）ジョンソン株式会社

という「マイナスの欲求」が起こります。通常，欲求とは「～が欲しい」ということですから，その反対は「マイナスの欲求」と考えましょう。それが「嫌っ！」という反応につながります。

　彼女の中では，いま，「除菌できるものがあれば欲しい」という〔ニーズ〕が生じました。そこで，すかさず，研究員は「除菌ジャバしてください！」と言ってこのメーカー（Johnson）の商品購入を勧めます。ここで主婦の〔ニーズ〕が〔ウォンツ〕に変わった瞬間です。「マイナスの欲求」が「プラスの欲求」に変わった瞬間とも言えるでしょう（写真8-2）。

〈事例2〉　デジタルコピー機（2003年放送）

　コ ピ ー 機：「私は複写機。知っていましたか，コピーを取るとその内容がデジタルデータとして複写機に残ることを？　情報が狙われているかも知れませんよ。」
　　　　　　　従業員がこのコピー機をオフィスから運び出します。
　コ ピ ー 機：「ええっ!?　私はお払い箱!?　そんなぁ～！」
　　　　　　　近衛兵が新しいコピー機をオフィスに運んでくる。

《写真8-3》　シャープ製デジタルカラー複合機

（写真提供）　シャープ

アナウンス：「セキュリティを考えるとシャープのカラー複合機。デジタルデータを自動消去して，機密を守ります。」

このCMも先ほどと同じパターンで，ニーズからウォンツへと視聴者に導いています。「知っていましたか？」とコピー機の独り言を聞いた視聴者は，「え，何かあるの？」と思いますが，ここではまだ欲求はありません，0（ゼロ）の欲求のままです。

次に，コピー機は「コピーを取るとその内容がデジタルデータとして複写機に残るのです。情報が狙われていますよ」と聞いた視聴者は，「そんなの困る」というマイナスの欲求を抱きます。

そこアナウンスが，「シャープのカラー複合機を使えば，デジタルデータを自動消去できます」と言うと視聴者は，「ああ，シャープか」と思います。0（ゼロ）の欲求からマイナスの欲求へ，そして，最後に，マイナスの欲求からプラスの欲求が〔ウォンツ〕として現れます（**写真 8 - 3**）。

〈事例 3〉 掃除機（2005年放送分）

ナレーション：「掃除機はみな紙パックやフィルターの目詰まりで吸引力が息切れし，ごみを取り残していることに私は気づいたのです。
だからこの掃除機を作りました。20万Gもの遠心力でごみと空気を分離するので，目詰まりもなく，吸引力は決して衰えません。これこそが掃除機。
ダイソン，吸引力の変わらない，ただ1つの掃除機です」

このCMの場合，普段から掃除機を使っている人に「掃除機の効きが悪くなりますよね」と同意を求めます。CMを見た人は，「そうそう，でも，仕方がないよね」（マイナスの欲求）と思います。

しかし，このCMの素晴らしいところは，「実は，そうならない掃除機があるんです！」と訴え，消費者にプラスの欲求〔ニーズ〕を持たせます。

《写真8-4》 ダイソン掃除機 DC12型

(写真提供) ダイソンジャパン

　そして,「吸引力が変わらないただ1つの掃除機」と最後の駄目押しをして「ダイソン社の掃除機が欲しい!」と〔ウォンツ〕を発生させたのです。
　このテレビ CM は,ニーズからウォンツに変える見事な CM です。加えて,ダイソン社の掃除機を,他社とは圧倒的に異なるという商品差別化(後ほど説明)ができているところです(写真8-4)。

　ところで,なぜ,ニーズとウォンツを区別する必要があるのでしょうか。それは,消費者が持っている欲求のレベルと内容が異なるからです。
　例えば,高解像度で鮮明な画面の4Kテレビの場合,4Kテレビの素晴らしさを知らない人に,各メーカーの特徴の違いを訴えても,おそらく反応は鈍いでしょう。まだ,4Kテレビに興味がないのですから。ここでは,まず,4Kテレビへのニーズに気づいてもらうことが先決です。
　反対に,どのメーカーの4Kテレビにしようかと思っている消費者に,4Kテレビの素晴らしさを訴えても,「そんなことは知っている」となり,無駄な説明をしてしまうことになります。
　ですから,例えば,家電量販店の店頭に立つ販売員は,相手が持っている欲

求が，ニーズのない状態なのか，ニーズは持っていてウォンツに気付いてもらう状態にあるかを判断する必要があるのです。効果的な販売を行うためには，この2つの欲求の違いを確かめながら行う必要があります。広告や広報の場合も同じことが言えます。まず，ニーズをかき立てるべきなのか，ウォンツをかき立てるべきなのか考える必要があります。

(4) さまざまな欲求

「欲求」に関するいくつかの発見を3つほど紹介しましょう。1つ目は，「ヴェブレン効果」です。通常，多くの人々は，安くて良い商品を欲しがります。その法則から外れているのが「高いほど売れる」という心理です。

例えば，絵画に詳しくない人が絵画を買う際，どこでその絵画の価値を測るかというと，「この絵は高価なので，きっと素晴らしいに違いない」と思うことがあります。

医薬品もそうです。近時，特許が切れた薬を生産して安く売る「ジェネリック薬品」というものがありますが，「安かろう悪かろう」と考えてジェネリック薬品を買わずに，高いほうの薬品を買う人が多くいます。

2つ目は，「スノッブ効果」というものです。これはなかなか手に入らない商品の価値を高く感じる心理です。限定品と聞くと，つい買ってしまうというのがそうです。テレビの通販でも，「残りあと10着です」と言われると焦りますね。このような商品は「希少性」という性質を持つため，評価が高くなります。

3つ目は，「バンドワゴン効果」です。特に日本人に顕著ですが，「みんなと一緒」「流行に敏感」という心理が働いています。販売員が，「これ，売れていますよ」という話をするのは，このバンドワゴン効果を皆さんから引き出そうとしているのですね。

この3つの効果は，経済学では「消費の外部性」と呼びます。普通の常識が通らない，つまり，通常の消費者心理の法則の「外」にある法則だからです。例えば，車を買う時に「走って曲がって止まる」というのがメインであって，デザインや色やオプションなどは「必要のない特徴」と考えています。

その意味では，マーケティングでは当たり前のことでも，取るに足らないこととしている経済学は遅れていると言えます。

3 消費者と取引する商品に関する用語

(1) 商品・財

　国語辞典によると，商品とは「商売の品物」とあり，①〔経済〕交換に供する目的で生産した財物，②〔法律〕売買の目的物としての財貨（原則として動産）とあります。

　農産物を例にとりましょう。もし，あなたが自分で食べるだけのトマトをベランダで作っているのであれば，それは「財」であっても「商品」ではありません。それは，他人に売る目的で育てていないからです。

　でも，農業を仕事にしている人たちは，自分が食べる量をはるかに超えて大量のトマトを栽培します。そして，そのほとんど全部が売りに出されます。

　この「（お金と交換に）売る」ことを目的にした「財＝トマト」は「商品」と呼ばれます。分業化が進んだ現在では，ほとんどの人は自分以外の人のために「財」を作っているので，「財」のほとんど全部が「（お金と）」「交換」する目的で作られる「商品」となります。

(2) モノとサービス

　商品は，「モノ（有体財・有形財）」と「サービス（無体財・無形財）」の2つに分けられます。

> 自動車はモノ？
> サービス？

　自動車で考えましょう。お金を出して自分のものにした場合は，その自動車は「モノ」となります。その際，メーカーからあなたへ「所有権」が移ります。所有権とは「物を自分の欲するままに使用・収益・処分することのできる権利」と説明されます。

　一方，レンタカーをお金を出して利用すると，借りた人には「所有権」は移動せず，その代わりに「使用権」が発生します。使用権とは「物を一定の条件で使うことが許される権利」と説明できます。レンタカーを借りた人は，レン

タカー会社と利用条件などの契約を得た後，一定の期間が経過するとレンタカー会社に返却しないといけません。このように「使用権」を買う場合は，その商品は「サービス」になります。

「モノ」は，手元に形が残るもの（有体財・有形財），「サービス」は手元に形が残らないもの（無体財・無形財）であることは，感覚的に分かりますね。

所有権と使用権

別の例も挙げましょう。東京ディズニー・リゾートのアトラクションを利用するには，お金を払わなければいけませんが，アトラクションを「使用」する権利を買っているのであり，そのアトラクションを「所有」することはできません。でも，お土産のグッズやレストランでの食事は，自分のものになるので，ここでは「所有権」が発生し，「使用権」は発生しません。

病院では，医師の知識や技量を借りるのであって（「使用権」），医師自身を「所有」することはできません。しかし，点滴や注射，薬などは体内に入るものですから，これらは「モノ」となり「所有権」が発生します。

有体財と無体財

なお，アトラクションについては，異議があるかも知れません。ジェットコースターの本体に触れることができるではないか？　でも，ちょっと待ってください，買っているのはジェットコースターに乗ることで得られる「興奮」です。そして，「興奮」という「感情」は触ることができません。

ちなみに，日本では「サービス」＝「無料」と考える人も少なくありませんが，これは間違いです。間違いで語弊があれば，この場合の「サービス」は日常用語であり業界用語でも専門用語でもありません。

(3)　最寄り品・買回り品・専門品

耳慣れない言葉が出てきました。商品は，先に「モノ」と「サービス」に分けられると言いましたが，また，別の分け方があります。この分類も大事なので，理解しましょう。次の**図表8-4**を見てください。

《図表8-4》 商品の分類

	1．最寄り品	2．買回り品	3．専門品
A．モノ	A-1	A-2	A-3
B．サービス	B-1	B-2	B-3

（出所）筆者作成

最寄り品

　まず，最寄り品とあるのは，住んでいるところでも，通勤通学の途中でも，特にこだわりなく「（商品が）あれば買う」もののことを指します。「最寄り」というのは「すぐ近くで（買える）」という意味です。

　例えば，ロングセラーのチロルチョコはどのコンビニでも置いていますから，どのコンビニであっても買いたい人はどこでも買うことができます（図表8-4のA-1）。図表8-4のB-1の場合，こだわらない人は，風邪を引いたら，自宅近くか通勤通学の途中にある内科病院に行くかもしれません。もちろん，病院の評判をいろいろと聞いて選ぶのであれば，B-2になります。

買回り品

　買回り品ですが，洋服を買う人は，多少なりともいろいろなお店を回って，色やデザイン，価格などを比べるでしょう。このような買い物は「（いろいろなお店を見ながら）回る」という意味で，「買回り品」と呼びます。

　クリーニングの場合，例えば，ワイシャツは毎日のことですから，できるだけ安いクリーニングを探し「回る」ことになるかも知れません。でも，それが面倒くさいと感じる人なら，近くのクリーニング店でいいや，と図表8-4のB-1の行動を取る人がいるかもしれません。

専門品

　専門品は，街中にそう多くはありません。例えば，ピアノを買おうとお店を回って比べる際，大都市でなければ選べるほど楽器店は多くありません。このように，商品の価格が高く専門知識を多く必要する商品は図表8-4のA-3に当てはまります。ピアノを買ったので音楽教室に行きたいとなると，こ

れもそれほど多くはありませんから，図表 8 - 4 の B - 3 に当てはまるでしょう。

　注意してほしいのは，人によって商品を分類する場所が異なることです。例えば，SOYJOY は定価（税込）が121円ですが，120円で売っている店もあるので，120円の SOYJOY を探す人にとっては SOYJOY は買回り商品となります。もちろん，多くの場合は，最寄り品に分類されるでしょう。

| 定番品（最寄り品・買回り品・専門品のどの場合でも） |

　「定番（品）」とは，長い間愛され続けている商品のことです。なぜ「定番品」と呼ばれるのかですが，あらゆる商品には，「品番」という番号が割り当ててあり，多くの場合は，新商品に取って代われるため，古い商品の「番号」が消えてなくなります。

　一方で，長く売れ続けている商品は，その品番が定着するので，「定番品」と呼び，例えば，リーバイス501（写真 8 - 5），バーモントカレーや牛乳石鹸などが挙げられます（写真 8 - 6）。

《写真 8 - 5》　定番品例：リーバイス501ジーンズ

（注）　ラベル（左）や腰ベルトの内側（右）にも501の数字が見て取れる
（写真提供）　リーバイ・ストラウス ジャパン

《写真8-6》 定番品例：バーモントカレーとカウブランド

（写真提供）　ハウス食品グループ，牛乳石鹸共進社

(4) 売れ筋と死に筋

「定番（品）」は「ロングセラー（long seller）」と言い換えることができますが，似たような言葉に「ベストセラー（best seller）」という言葉もあります。加えて「ヒット商品」という言葉もあります。

これらは，業界用語で言うと「売れ筋（商品）」と言うことができます。売れ行きの良い商品ですから，店頭には常時在庫があるように仕入れておきます。

この反対の言葉は，「死に筋（商品）」です。売れ行きがよくない，あるいは，まったく売れない商品のことです。この商品は店頭に置いても邪魔になるだけなので，少なめに仕入れるか，または，仕入れを止めることもあります。

ですから，店頭や倉庫には，売れる商品から置いておき，売れない商品は返品したり処分したりします。なぜ，2つを分けて使うのでしょうか。

最適な品揃えと在庫の確保

それは，すでに学んだように《最適な品揃え》や《最適在庫》の問題になるからです。一言で言えば，農林水産業などの生産者にしても，自動車やお菓子などの製造業にしても，そして，スーパーやコンビニのような流通業にしても，売れ残りや品切れという「ムダ」を省きたいのです。

このムダをなくすための活動を，マーケティング論や流通システム論では「最適な品揃え」，経済学の言葉で説明すると，「希少資源の効率的な配分」あるいは「適正在庫（反対は不足在庫や過剰在庫）」と呼びます。

> 無駄の排除は
> 人類の悲願

経済学であれ経営学であれマーケティング論であれ，私たちが目指してきたものは，必要な人に，必要なものを，必要なだけ，いつでもどこでも手に入る社会です。しかし，資源には限りがありますから（＝希少資源），無駄を徹底的に省いて，売り手と買い手の双方にとって，「ちょうどよい」取引をする必要があります。

(5) PBとNB

PB（プライベート・ブランド：Private Brand）という言葉を聞いたことはありますか？　スーパーやコンビニなどの小売業が，メーカーに生産を依頼し出来上がった商品を，小売業のブランドで売り出す商品のことを指します。次にあるような各小売業者独自のブランド名とブランド・ロゴ（名前の形）がそれに当たります（写真8-7）。

これに対し，メーカーが商品を製造し小売業に売ってもらうのがNB（ナショナル・ブランド：National Brand）と言います。例えば，板チョコを例に挙げると，森永製菓，明治，ロッテなどのNBの商品は皆さんも店頭で見かけたことがあるでしょう（写真8-8）。一方，PB商品はNB商品ほど知られていませんが，店頭でよく観察すると，上記のロゴなどを付けた商品に気づきます。

なぜ，PBが出てくるようになったのでしょうか？　2つの理由があります。

1つは，メーカーの商品だと価格設定などスーパーやコンビニの自由裁量で

《写真8-7》　PB（Private Brand）のロゴ：例

イオン　　　　ユニー・イズミヤ・フジ　　　　7-11　　　　ローソン

（写真提供）　左から，イオン，ユニー・イズミヤ・フジ，セブン&i，ローソン

《写真8-8》 NB（National Brand）のロゴ：例

（写真提供） 左から，森永製菓，明治，ロッテ

決めることができにくく，思ったような利益を確保できないという問題があります。そこで，もっと自由に価格設定できるようにしたのが，小売業独自のブランド，PBです。

もう1つは，流通業が持っている顧客に関する膨大なデータです。バーコードで商品の情報を読み取り集計するPOSシステムのお陰で，消費者が何を求めているのかを詳しく分析できるようになりました。

その結果，メーカーと小売業者との力関係が変わりました。何をどう作ったら良いかのデータはメーカーよりも小売業のほうが詳しいため，メーカーの商品企画開発や価格設定までに口を出せるようになったからです。

(6) 多品種少量生産

現在は，たくさんの種類の商品を少しずつ生産し店頭に並べる時代です。選択肢が大きく広がった社会だとも言えるでしょう。このような傾向を，それまでの「（少品種）大量生産」と区別するために「多品種少量生産」を呼ぶようになりました。これらができるようになったのは，それほど昔のことではありません。

皆さんは，さまざまな選択肢から選べるという時代が，つい最近，始まったばかりだということを理解しましょう。この豊かな社会を維持し発展させるためにも，皆さんが社会の中堅になったときに備えて，この社会の仕組みを理解していただきたいと思います。

多品種少量生産の行きつく先は，オーダーメイドの世界です。人は1人ひとり異なりますから，各々の欲求を完全に満たそうと思うと，最終的にはその人

だけのデザインや色，機能や効能が決められていきます。満足度がとても高いのですが，問題は費用や手間暇がかかるために，結果的に時間をかけて高額なものになることが多いです。

なお，オーダーメイドという用語は和製英語で，正確には"custom-made"と言ったり"made-to-order"と言ったりします。一方，多くの商品の場合は，前もって生産されており，これを既製品と呼びますが，それでも現在では生産の技術や過程を見直すことで多品種少量生産が可能になっています。

(7) 生産財と消費財

参考程度まで知っていて欲しい言葉を説明します。それは，「生産財」と「消費財」です。国語辞典を引くと，「生産財」は「生産のために使われる財。原料・労働・機械など。直接に個人的欲望の充足に役立つものではない」とあります。

例えば，マクドナルドでは，ハンバーガーに使うバンズ（中身を上と下で挟む丸いパン）を大量に仕入れますが，そのバンズは従業員が食べるために仕入れたのではありません。バンズはハンバーガーを作る原料ですから，これを生産財と呼びます。

これで作られたハンバーガーを店頭に来たお客が食べるので，この食べる人を最終消費者と呼び，そのハンバーガーを「消費財」と呼びます。国語辞典には，「個人的欲望を満たすために直接消費する財」と説明しています。

一般に，生産財は企業と企業の取引の対象になるので，この取引を"Business to Business：略してB to B／B2B"と言うこともあります。もちろん，"Business"とは「企業」を指します。「企業間取引」と訳せます。

企業と最終消費者との取引は，"Business to Consumer：略してB to C／B2C"と表し「企業対消費者間取引」と訳せます。この取引は多くの人が思い浮かべる取引または売買あるいは買い物のことです。

最近は，"Consumer to Consumer：略してC to C／C2C"「消費者間取引」も増えています。ヤフーなどのオークションサイトやメルカリなどがよく知られた例です。

なお，就職活動で，B to Cの企業ばかりを狙う学生が多いのですが，実際

には一般には知られていなくても好業績を上げているＢ to Ｂがたくさんあることを忘れないようにしてください。

(8) モノとサービスを区別する理由

　一番わかりやすい理由は,「モノ」は倉庫などで保管することができますが,「サービス」は在庫として保管することができないということです。生産時期と消費時期が離れていることもある「モノ」に対して,「サービス」の場合は,生産時期と消費時期が同時に起こります。

　例えば,サービスである美容室では,美容師が髪を切ったり巻いたりする作業と,お客が髪を切られたり巻かれたりする作業は,同時に起こります。つまり,「モノ」の場合に必要となる「保管」「保存」の作業がありません。

　そこでどのような問題が起こるかというと,消費が増えたからといって倉庫にある在庫を放出して調整するということができません。反対に,消費が減ったから倉庫から出さずに取っておくということもできません。専門用語を使うと,需給の調整が非常に難しくなります。鉄道のラッシュアワーとそうでない時間帯の調整問題も同じことです。

　消費が最大になった時に合わせるのか,最少になった時に合わせるのか,その両方に対応できるシステムをどう作るのかが問題になります。

価値共創と主客一体

　もう１つの理由は,「サービス」の「価値」を決めるのは,サービスの提供者だけではなく,そのサービスを受ける側にも協力が必要だということです。

　例えば,どんなに医者が頑張っても,薬を飲まず安静にもせず暴飲暴食をしていては,病気やケガは治りません。

　高級イタリアン・レストランでもそうです。客はそのレストランの風景の一部です。品のある服装で,品のある話し方,品のある食べ方などなど,レストランと客の協力関係が高い商品価値を生み出します。

　このことを,マーケティングでは「価値共創」と呼んでいます。興味深いことに,日本古来の伝統である茶の湯では,「主客一体」という姿勢が大切にされ

《図表8-5》 さまざまな経済主体と財の関係

経済主体 財	営利志向	非営利志向
モノ 有体財 所有権移転	例）家電・自動車・セルDVD……	例）電気・ガス・水道・道路……
サービス 無体財 使用権移転	例）レンタカー・レンタルDVD・美容……	例）医療・福祉・介護・教育……

（出所）筆者作成

てきました。「価値共創」に照らし合わせれば「主客共創」と言い換えられます。世界の最先端の思考が日本の伝統文化の中にあることは素晴らしいことです。

> 非営利団体にも
> マーケティングは
> 適用可能

最後に，「モノ」と「サービス」の分け方に，企業や組織，団体のあり方，つまり，営利追求型かそうではないかという軸を加えたものを考えましょう（図表8-5）。

営利志向か非営利志向かは厳密に区別することは，多くの場合難しく，「相対的に」というほうが正確かもしれません。例えば，医療ひとつ取っても，無医村に赴任する医者もいますし，富裕層しか相手にしない病院もあります。

ただ1つ言えるのは，従来，マーケティングは営利企業に適用可能だと思われてきました。しかしながら，営利を目的としない企業や組織，例えば，NPO（Non-Profit Organization「非営利組織」）やNGO（Non-Governmental Organization「非政府組織」），宗教団体などの場合でも，その理念を「商品」に喩えてみれば，マーケティングが応用できると考えられます。

4 マーケティングの職種

マーケティングに直接かかわる職種については，第4章～第7章で述べたよ

うに，「市場調査」「商品企画開発」「広告宣伝・広報」「営業・販売」「バイヤー・マーチャンダイザー」などがありますが，他の職種，例えば，経理や財務，人事や労務，購買管理や生産管理などとは，どんな関係があるのでしょうか？　また，マーケティングは経営戦略に関わるものなので，比較的地位の高い（課長や部長，社長など）人々が中心となって関わるものでしょうか？

　答えを述べる前に，企業の最高責任者についてお話しましょう。

(1)　いくつかの企業経営者

CEO：Chief Executive Officer 「最高経営責任者」

　CEOとは，企業の5～10年の中長期的な経営戦略を立案し指揮する人のことです。日本の企業人と話していて心配になるのは，「御社の10年後の目標は何ですか？　そのためにいま行っていることは何ですか？」と聞くと，答えられない方がとても多いことです。

　中には「1年先のこともわからないのに10年先なんてわからない」と怒り出す人もいます。これはとても困ったことで，このような企業は環境に流されてどこへ行くかわからない難破船のようなもので，将来が明るいとは決して言えません。いわば，「暗中模索」状態で自分がいまどこにいてどこへ行くのかもわからない危険な状態です。

　一方，10年後を見ている人は，自ら流れを生み出していきます。もちろん，すべての経営戦略が予定どおりに進むとは限りませんが，ここでは「試行錯誤」が行われます。試行錯誤とは，目標があるからこそできることであり，軌道修正も行うことができます。「暗中模索」と「試行錯誤」とは，雲泥の差があることを知ってもらいたいと思います。

COO：Chief Operating Officer 「最高執行責任者」

　次のCOOですが，これは，CEOが立てた経営戦略が日々実行されているかを確認する管理職です。CEOは日々のことに惑わされずに先を見ている一方で，COOは短期的な視点から現場がきちんと動いているかを見ます。

　日本語で言えば，「進捗係」のトップということでしょう。「進捗」とは，国

語辞典によると「物事がはかどること」とあります。日々の仕事には，必ず「ムリ・ムダ・ムラ」があるのでこれをチェックし，また，部署が異なると意思疎通がうまく行かない場合は，その調整役を務めます。

> CMO：Chief Marketing Officer
> 「最高マーケティング責任者」

　CMOは，全社的なマーケティングの方向を計画し，常に自社が顧客や競争相手そして取引先との関連をきちんと把握し調整しているかを確認します。

　後ほど，「5　マーケティングまたはマーケティング戦略とは」でも述べますが，「経営の目標は"顧客創造"にある」のです。

　顧客を理解することは非常に難しいのですが，顧客の目の先にある欲求を満たす商品を提示する努力を，社員全員が行うように動きます。

> CFO：Chief Financial Officer
> 「最高財務責任者」

　CFOですが，企業を動かしているのは「経営資源」と呼ばれる「ヒト・モノ・カネ」（最近は「情報」を加える人もいます）です。どの部署に誰を配置するか？　どの研究開発に力を入れるか？　販売促進にはどの媒体を使うか？　などなどを考える必要がありますが，これらすべてにお金が必要です。

　自社資金が足りなければ，銀行から借りたり資金運用したりしてお金を確保します。使うお金は限られているので，すべての仕事にどれだけのお金を配分するかを決定するとても重要な仕事です。

(2) マーケティング脳が必要なのは誰か

　さて，トップ以外の人は，マーケティングとどうつながっているのでしょうか？　例えば，お客様相談口あるいはコールセンターなどには，お客からの質問や相談，苦情や不満などが寄せられます。商売は，商品が売れたところで終わりません。むしろ，商品の販売後から始まるといっても過言ではありません。

　例えば，せっかく買ったブルーレイレコーダーの使い方が分からなくて困る人は大勢います。そこで，お客様相談口では，懇切丁寧な対応が求められます。場合によっては謝らないといけないかも知れません。いずれにせよ，お客に寄

り添いながら対応することは，マーケティング思考の体現です。

経営の各部署とマーケティング

生産管理者も同様にマーケティングと直結しています。いつ，どこで，誰が，どのような商品を欲しがるのか，という情報をもとにして生産計画を立てなければなりませんし，計画変更もあるでしょう。常に店頭のお客の動きに合わせて仕事を調節します。

人事課や労務課も，商品の営業に何人必要かを理解して人事を行わなければなりません。ビジネスチャンスが発生した商品に営業が足りないと，機会損失になります。あるいは，死に筋商品に過剰な営業を充てても無駄になるだけです。

このようにどの部署で働いていても，マーケティング思考は必要になります。

各ポストとマーケティング

新入社員もマーケティング思考とは無縁ではありません。例えば，1カ月で名刺を配って来てください，と上司から言われたら，あなたはどうしますか？

もし，自社のマーケティング戦略が既存客との関係を緊密にすることであれば，得意先の名簿を上司に求めるはずです。もし，新規客の開拓であれば，得意先の名簿に載っていない人たちを中心に営業するでしょう。

マーケティング思考は，働く人々の全員が持つべき思考なのです。

5 マーケティングまたはマーケティング戦略とは

(1) 顧客創造

さて，「マーケティング論」の核心部分にやって来ました。ここで，マーケティングやマーケティング戦略の極めて重要なキーワードを学びます。

その核心部分にある最も重要な言葉，キーワードは，「顧客創造」です。企業経営に関する3大理論，すなわち，（ミクロ）経済学と経営学そしてマーケティ

ング論のすべてに通じて言える企業活動の最大の目的は,「顧客創造」です。

☞ 顧客創造 ☜

　「経営の神様」と呼ばれているピーター・ドラッカーは,企業の最終的な目的は「顧客創造」であると言い切っています。よく企業の目的は,利益を上げることだと考えられていますが,ピーター・ドラッカーによれば,利益は「顧客創造」を行うための手段でしかない,ということです。

　また,世界的に知られているマーケティング論の権威であるフィリップ・コトラーも,マーケティングとは「顧客創造」であると主張しています。彼は,経済学で想定される消費者像は現実に合っていないと考え,現代マーケティングの基礎を作りました(日本経済新聞「私の履歴書」2013年12月)。

　「顧客創造」とは,一体どんなものでしょうか? 第3章でもAKB48やJINSのPCメガネの例を出しながら簡単に触れましたが,「顧客創造」とは,それまで存在しなかった欲求(ニーズやウオンツ)を消費者に気付かせて満足させることです(「顧客満足」)。他の例を出してみましょう。

　皆さんは,服を買おうと思っていろいろなブティックをめぐっている際に,その時までは予想もしていなかった色やデザイン,素材の服に出会って思わず買ってしまった,という経験がありませんか? あるいは,タワーレコードの店頭などで試聴してみて,知らない歌手だけれども,とても気に入ってCDを買ったという経験があるかもしれません。

　つまり,「新しい商品に目覚めさせること」=「顧客創造」と言えます。もちろん,これほど劇的な出会いではなくとも,商品の微細な特徴が「顧客創造」につながることがあります。

　例えば,「パッケージが変わって新登場!」というのがそうですし,価格が高いために買うのを諦めていた高級豆腐が,期間限定で3割引きとして売り出されれば,これまでは買わなかった人たちも買うかも知れません。このように,「顧客創造」は至る所に見ることができます。「顧客創造」の大切さを理解している頭を「マーケティング思考」あるいは「マーケティング・マインド」と呼びます。

⑵ 消費者（顧客）とどう向き合うか

　企業経営で常に頭の中に入れておくべきものは，消費者（市場／需要）です。消費者と企業は，どのような姿勢で商取引を行うのでしょうか？　それには3つの姿勢があります。

　　　　　　　　　　　　　　　　　1つ目は，広告や営業を総動員して商品の価値
　｜刺激-反応型取引｜　　　を消費者にどんどん売り込むやり方です。日本の
　　　　　　　　　　　　　　　　　高度経済成長期によく見られた「熱い売り込み」
がそうです。企業が一所懸命売り込めば売り込むほど，消費者は強く反応するという考え方です。このことを「刺激-反応型取引」と呼びましょう。このようなやり方は，現在では以前ほど見られなくなりましたが，TVで日々放送されている通販番組にその名残が見て取れます。

　1996年の創業以来，現在まで増収し続けている「ショップチャンネル」は，テレビで24時間放送される通販専門番組ですが，ジュエリーやファッション，化粧品やホームインテリア，家電などを扱っています。注目したいのは，一方的に情報を流すのではなく，コールセンターなどにかかってくるお客の声を，随時，生で放送される番組内容にフィードバックさせます。その意味で，お客とともに創り上げるまったく新しいタイプの通信販売会社だと言えるでしょう

《写真8-9》　ショップチャンネル　ロゴと番組画面

（写真提供）　ショップチャンネル

（写真8-9）。

交渉型取引

　2つ目の商取引の姿勢は，現在の私たちの日々の買い物の多くに見られます。

　ハイビジョン対応の大型4Kテレビを買いに行くとしましょう。メーカーには，東芝，パナソニック，シャープ（**写真8-10**），ソニーなどがあります。消費者の中には，ソニーしか買わないという人もいますが，多くの場合，店頭で見比べたり販売員の説明を聞いたりしながら，どれにするかなどを決め，価格交渉をします。

　価格交渉の中には，自宅までの配達を無料にするかどうか，また，取り付けを無料でしてもらえるか，ブルーレイレコーダーと一緒に買えばいくらになるかなどが含まれます。このように買い物するたびに，どのメーカーの商品にするかを決める取引を「交渉型取引」と呼ぶことにします。

《写真8-10》　アクオステレビ

（写真提供）　シャープ

関係性取引

　3つ目の商取引姿勢は，「関係性取引」と呼ばれるもので，日本ではまだなじみが薄いかも知れませんが，今後，商取引の主流になって行くと思わ

れます。この考え方は,「交渉型取引」の欠点を克服するために生まれました。

「交渉型取引」を企業側から見てみると,新商品が出るたびに,自社商品を買ってくれるお客との交渉は,すべて初めからやり直さないといけません。リピーターに比べて,新規客開拓には多くの手間暇とお金が必要になります。

企業の視点から見ると,常に新規客を獲得する努力の一方で,確実に自社商品を買ってくれるリピーターをいかにつなぎとめることができるかが最重要課題になります。言い方を変えれば,自社商品の「ファン作り」です。では,どうすれば「ファン」を獲得できるのでしょうか？ その1つが,オーダーメイドです。

(3) オーダーメイド

消費者は1人ひとりが違います。究極の商品とは,その1人ひとりに合った商品を生産し販売することです。「オーダーメイド」が,その究極の商品となります。21世紀に入るまでは,オーダーメイドは手間暇と費用がかかるという欠点がありました。ところが,IT（Information Technology）およびICT（Information and Communication Technology）が社会に浸透すると,オーダーメイドあるいはセミ・オーダーメイド（半オーダーメイド）が比較的低価格で迅速に作れるようになってきています。

〈事例1〉 アマゾン

一番,よく知られた例は,Amazon.com（日本では,Amazon.co.jp）です。このサイトを通じて商品を買う消費者が増えています。特徴は,購買者の買い物の履歴を記録,データ化し,それを分析することで,1人ひとりの購買者に合った商品を勧めることです。

データに基づく販売を「データベース・マーケティング」（database marketing）と呼び,1人ひとりに異なる商品を勧めることを「ワン・トゥ・ワン・マーケティング」（one to one marketing）と呼びます。最初の「ワン」は企業を指し,次の「ワン」は消費者1人ひとりを表しています。

〈事例2〉　セイコー

　他の例は，腕時計などで知られているセイコーです。セイコーのWEBサイトでは，自分の好みに合わせて，腕時計のフレームや文字盤，裏蓋（うらぶた）とバンドなどの膨大な量のデザインや色，素材から選ぶことができます。文字盤には，自分で撮った写真や作成したデザインなどを入れることもできます。

　完成品の時計とは違い，このWEBサイトを通じて注文すれば，消費者は比較的安い価格で，自分好みの腕時計を持てます。メーカーも部品の在庫だけ持っていれば良いので，完成品の売れ残りの心配もしないで済みます。

〈事例3〉　美容室

　皆さんは髪を切ったり染めたりする時に，美容室を利用することが多いと思います。例えば，転居などで住むところが変われば，新しい美容室を探さなければなりません。お気に入りの髪型になれば良いのですが，消費者と美容師は，最初はお互いに何もわかりません。

　そこで，相談しながら髪型や髪色を決めて行きますが，最初は気に入ったと思った髪型が気に入らなくなると，とても残念な気持ちになります。人によっては損した！　という人もいるでしょう。でも，他の美容室を探し続けるのも費用や時間がとてもかかります。

　そこで，最初の美容室では，髪型が気に入らなければ次回は無料！　としていればどうでしょうか？　無料ですから美容室にとっては損失かもしれません。

　しかし，このようにお互いを知りながら，より良い髪型や髪色を見つけて行くと，結果的には他の美容院をいくつも試すよりも安くなることがわかります。

> この例にあるように，短期的にはお互いに損しても，長期的にはお互いが得するという商取引を「関係性取引」と言います。

　商品の売り手と買い手がお互いに協力しながら満足のいく（価値のある）商品を作り上げることを「価値共創」呼びます。「関係性取引」では，売り手と買い手が「共」に商品「価値」を「創る」のです。ここでは，売り手の論理だけではなく買い手の論理も尊重されます。いわば，価値ある商品の共同制作者あるいはパートナーと言えるでしょう。

(4) マーケティングの定義

　ようやく話も終わりに近づいてきました。第1章から第3章で，経済学と経営学そしてマーケティング論の関係と違いを説明しましたが，マーケティング論では何を学びますか？　と聞かれたら，皆さんは，どう答えますか？

　読者の皆さんは，自分で最も納得のいく説明を考えてみてください。本に書かれているから，あるいは，先生が言っているからではなく，あくまでは，それらは参考程度のものです。ビジネスの現場では，さまざまな活動が行われていますから，人によって「説明」や「定義」が変わっても良いのです。

　そして，自分の頭で出した結論と，他の人が提案した考えを比べて，より納得がいく「説明」や「定義」を取捨選択すれば良いのです。

　参考までに，私の考えを書いておきます。

〔経済学〕（希少）資源および富の効率的で平等な配分と分配を考える学問
　　　：商品の売り手も買い手も満足のいくような取引条件を考える
〔経営学〕経営資源（ヒト・モノ・カネなど）の効率的な管理を考える学問
　　　：経営資源をどう管理すれば，最大の利益を獲得できるかを考える
〔マーケティング論〕顧客目線の経営学（顧客志向の経営学・顧客始点の経営学・顧客起点の経営学など）。あるいは，後述するように「顧客創造へ向けてマーケティング・ミックスを駆使すること」とか「商品を通じて人々をどうハッピーにさせるかを考えること」とかも言えるでしょう。

6 商品差別化戦略と市場細分化戦略

　マーケティング戦略では，常に，消費者のことを念頭に置いて考え，行動する「顧客創造」が最優先の企業課題だということはわかりました。
　問題は，競争相手がいることです。競合他社も「顧客創造」を目指して動いています。多くの場合，競合他社とは消費者の獲得を目指して日々競争です。ここでは，マーケティング戦略には，大きく分けて2つの競争の仕方があることを理解しましょう。それは，次の2つです。

> ☞　「商品差別化戦略」と「市場細分化戦略」　☞

　この2つは大きく異なりますが，試験をすると，意味を取り違える学生が少なからずいます。この違いをしっかりと理解してください。

(1) レッドオーシャンとブルーオーシャン

　「商品差別化戦略」は，業界ナンバーワンを目指して競争する戦略です。一方，「市場細分化戦略」は，他社とは争わない業界オンリーワンを狙う戦略で，他社とは「棲み分け」する戦略です。
　最近では，前者を「レッドオーシャン」，後者を「ブルーオーシャン」と呼ぶこともあります。レッドオーシャンとは，競争が激しく血で血を洗うような戦いが繰り広げられるために，海（オーシャン＝市場）が血に染まって赤く（レッド）なっているということです。反対に，戦いがない海は，血が流れないので，青い（ブルー）ままということになります。
　コーヒー・チェーンでは，ナンバーワンを狙って競い合っているのは，スターバックスやタリーズコーヒー，エクセルシオール カフェやシアトルズベストコーヒーなどです。おいしいコーヒーをお洒落な雰囲気で楽しませます（**写真8-11**）。
　一方，一杯の値段がもっと高い喫茶店は，コーヒーを時間をかけて楽しみます。コーヒー・チェーンとは異なる客層を狙っています。
　ここでは，コーヒー・チェーンと喫茶店は，店に来るお客が異なっているの

《写真8-11》 スターバックスコーヒーとタリーズコーヒーのロゴ入りカップ

（写真提供） スターバックスコーヒージャパン，タリーズコーヒー

で，競争にはなりません。もちろん，喫茶店同士でナンバーワンを狙っていることは事実です。

　この中で，コーヒー・チェーンとも喫茶店とも異なる客層を狙っているのがドトール・コーヒーです。缶コーヒーよりは高いけれども，喫茶店やコーヒー・チェーンよりは低価格でコーヒーを提供しています。その意味で言えば，ドトール・コーヒーは，業界のオンリーワンの地位を占めていると言えるでしょう。

(2) 映画で学ぶ「商品差別化戦略」と「市場細分化戦略」

　ここで，「商品差別化戦略」と「市場細分化戦略」の違いがよく分かる映画があるので紹介します。その映画とは，ラッセル・クロウ主演の『ビューティフル・マインド』(2001年) です。

　実在の数学者でノーベル経済学賞を受賞したジョン・ナッシュ (John Forbes Nash, Jr.) の生涯が描かれています (**写真8-12**)。

　受賞の対象となったのは，彼が考案した「ゲーム理論」です。そのアイディアがひらめいた場面を，登場人物たちの台詞を通して観てみます。場面は，学生たちが集まる酒場での話です。

《写真8-12》 映画『ビューティフル・マインド』でのジョン・ナッシュ

『ビューティフル・マインド』、Blu-ray：2,381円+税/DVD：1,429円+税 発売中
（写真提供/発売元） NBCユニバーサル・エンターテイメント

**美女の奪い合いと
アダム・スミス理論**

　ナッシュたちがたむろしている学生酒場に，女子学生5人組が入ってきます。その中に一人飛び切りのブロンド美女がいます。ナッシュたちは，彼女を見て心が躍り，誰が彼女のハートを射止めるか議論を始めます。ナッシュたちは仲間ですが，美女の取り合いに関しては競争だとして，こう言います。

学 生 A：「お前ら思い出さない？　現代経済学の父，アダム・スミスの教訓を？」
学生全員：「個人による競争が社会全体を豊かにする」
学 生 B：「それだよ，各自は自分のために，だ」

　彼らが言いたいのは，友だちであっても，自分の利益を最優先させれば，皆が納得するということです。ここで，美女を消費者に喩え，美女をめぐって争う学生たちを商品を販売する企業に喩えてみましょう。
　1人の美女（消費者）に学生（企業）が商品（学生自身）を売り込むのです。学生たち（企業）は，自分の商品（それぞれの学生）が一番だと美女を説得し

ます（口説きます）。自社商品が他社商品よりも優れていると主張しながら競争することを「商品差別化戦略」と言います。誰が（どの企業の商品が）一番か，つまり，ナンバーワンかを競い合うのです。

　負けたほうは，残り4人の女子学生で我慢するというわけです。競争で負ければ，一番お金になる消費者＝美女以外の消費者（残りの女子学生）を狙うことになります。諦めた学生は，こういいます。

　学　生　C：「じゃあ，（美女獲得競争に）負けた奴は友だちで我慢だ」

| ナッシュの反論〜ゲーム理論をひらめく |

　このやり取りを聞いていたナッシュは，この会話に違和感を覚えます。各自が自分の利益だけを考えて行動すれば，競争者すべてが満足するというアダム・スミスの論理では，問題は解決しないと考え，次のような話をします。

　ナッシュ：「いや，アダム・スミスは間違っている」
　学　生　A：「何を言ってるんだよ」
　ナッシュ：「全員がブロンドの美女を選べば，互いが邪魔し合い，誰ひとり手が届かない。その後，彼女の友達を狙う。だが，向こうもブロンドの後だから成功率は低い。誰もブロンドに行かなかったら？こちらは邪魔し合わず，彼女の友だちも侮辱しない。唯一全員が女を抱ける」
　学生全員：「（話にならないという感じで）あははは」
　ナッシュ：「アダム・スミスは言った，最良の結果は，グループ全員が自分のためにベストを尽くす時に得られる。不十分だ。いいか，最良の結果は，全員が自分自身のため，そして，グループ全員のために動いた時だけ」
　学　生　B：「お前，ブロンド狙いで屁理屈を言っているのか!?　ぶっ殺すぞ！」
　ナッシュ：「支配力学だよ，支配力学。アダム・スミスは……間違っている」

ナッシュは，恋人を獲得する時，ブロンド美女を皆が狙うのではなく，美女を無視して，最初から残り4人の女子学生を狙えば，全員に恋人ができて，誰も負ける者はいない，損する者はいないと主張しているのです。

　女子学生4人のそれぞれに対して最初から口説けば，つまり，男子学生が女子学生のそれぞれのオンリーワンの存在になれば，女子学生も男子学生も，皆，成功するという理屈です。

　話を振り返りながら整理しましょう。ナッシュたちがいる学生酒場に5人の女性グループがやって来ました。その中に飛び切りの美女が1人います。ナッシュたち以外の学生仲間は，どうやってその美女を口説こうかと意気込みます。

　男たちは，美女のハートを射止めるナンバーワンになろうと競い合うのですが，美女を消費者に置き換えてみると，男たちは自分（つまりマーケティングでは自社商品）は他の学生（マーケティングでは競争相手の商品）とは違うのだと美女に売り込みます。これが「商品差別化戦略」のイメージです。

　でも競争が激し過ぎて（血を血で洗うレッドオーシャン）誰も美女のハートをつかめないという心配があります。だからと言って，残りの女性を狙えば，美女の代わりなのね，と思われて彼女たちのハートもつかめません。

　ここでナッシュは，競争のあり方を変えたのです。最初から美女以外の女性にアプローチするのです。男たちは，誰とも競争しません（血を流す必要のないブルーオーシャン）。これがオンリーワンを目指す「市場細分化戦略」のイメージです。

最大多数の最大幸福

　ここで思い出していただきたいのは，近代経済学の父アダム・スミスが唱えた経済学『国富論』です。そこでは，売買される商品の価格と数量をめぐって皆が競争すれば，全員が満足する「需給均衡点」が導き出されるという「仮説」がありました。国が売買に口を挟まず，商品を売買する個々人が自分の利益になるように競争すれば，皆が得するという仮説です。

　しかし，競争に負けた人々は，実際は，満足できない現実があります。それを指摘したのがジョン・ナッシュです。経済学の大前提にある「最大多数の最大幸福」を追求するのであれば，利己的な競争だけでは，それは達成されない

というのです。そこで，利己的な競争だけではなく，全員の幸福も考えながら競争しようというのが彼の提唱する理論（現在では「ゲーム理論」と呼ばれます）だったのです。

マーケティングの視点から言えば，血を流す「商品差別化戦略」（レッドオーシャン）だけではなく，血を流さないで済む「市場細分化戦略」（ブルーオーシャン）にも目を向けようという視点の大転換なのです。

市場細分化戦略

最後に，「市場細分化戦略」について説明しておきます（詳しくは，拙著『Why（なぜ）を考える！ マーケティングの知恵』中央経済社，2010, 67～71頁を参照のこと）。

マーケティングでは，「市場細分化」という言葉を文字通りに理解して「市場を細かく分けて区別すること」とする一方で，「市場を細かく分けて，その中の1つ（場合によっては1つ以上）を狙う"戦略"」とする場合があります。

"戦略"という言葉があれば区別は付くのですが，必ずしも"戦略"という言葉が付いていないこともあるので，気を付けてください。私も，この区別に気付いたのはそれほど昔ではありません。

市場 ＝ 消費者の集合という意味であることは，前に学びました。市場にいる消費者は十人十色の欲求を持っているので，商品が一種類しかないとほとんどの消費者は満足できません。かといって，すべてオーダーメイドにすると手間暇と費用が多く要ります。その両極の欲求に応えようというのが，市場細分化という考え方です。

性質や特徴が似たものをグループにまとめることを「市場細分化（market segmentation）」と言い，グループ化されたそれぞれの市場を「細分化市場(segmented market)」と言います。その細分化市場を狙う場合は，その市場を「標的市場（target market）」と呼ぶ他，単に「ターゲット」ということもあります（図表8-6）。

繰り返しになりますが，市場を細かく分けていくと，最後は「オーダーメイド」に行き着きます。"one to one marketing"という言葉は覚えていますか。

《図表8-6》 市場細分化の例

価格＼用途	軽自動車	小型車	普通車	高級車	…
仕事用					
家族用					
スポーツ用					
…					

(出所) 筆者作成

　その対極にあるのが，画一化された商品で選択肢がないものです。中学校や高校の制服などは選択肢がありませんから，「規格化商品」の最たるものです。あるいは，Ｔシャツなどのフリーサイズなどがそうです。

　しかしながら，一方で，最近は，ITやICTの発達や「カンバン方式」などの生産体制の変化により，消費者の欲求にきめ細かに対応できるようになっています。多品種少量生産・流通・販売・消費が実現しているのです。

　なお，「事業の定義」という言葉を，拙著『Why（なぜ）を考える！　マーケティングの知恵』中央経済社（2010）の65～67頁で説明していますが，商品差別化戦略にしても市場細分化戦略にしても，誰と競争するのか？　あるいは，誰とは競争しないのか？　を考える上で重要な話なので，確認してください。

《考えてみよう》

Q19 ミネラル・ウォーターが入ったペットボトルがあります。家族用なので，口を付けて飲むことはできません。そこで，台所にある「それ」を近くにいる家族に取ってほしくて，「○○を取ってくれ」と言います。ただし，「コップ」「グラス」と言ってはいけません。何と言って説明しますか。

Q20 ニーズからウォンツに変化した具体的な例を紹介してください。

Q21 皆さんが生きて行く上で，お金とまったく無縁なものはありますか？

Q22 図表8-4のA-1～A-3，B-1～B-3，および定番品の例を挙げてください。

Q23 企業内でマーケティングとは関係ない人たちを挙げてください。

Q24 自分が経験した「顧客創造」の例を挙げてください。

Q25 自分が経験した「関係性取引」の例を教えてください。

Q26 経済学とは何か？ 経営学とは何か？ マーケティング論とは何か？ を自分の言葉で説明してください。例えば，就活の面接で「何を大学で学んで来ましたか？」という質問に答えるつもりで考えてください。

Q27 商品差別化戦略の例と市場細分化戦略の例を見つけましょう。

第9章

商品コンセプト：
ヒット商品の法則

　本書の最大の「売り」の1つが，本章にあるといっても過言ではありません。というのも，ビジネスの現場では，どのような特徴を商品に持たせればヒットするのか，日々悪戦苦闘しているからです。この商品の特徴を一言で表したものが「商品コンセプト」（製品コンセプト）と呼ばれます。

　商品コンセプトに関する論文はありますが，本章で明らかにしたその具体的な内容まで掘り下げたものはありません。ですから，ここで述べる「商品コンセプト」は，本邦初公開（もしかしたら世界初？）なのです。

　本章では，10のカテゴリーに分類されるその「ヒットのキーワード」を紹介するものです。日々商品コンセプトに悩んでいる人たちには，きっと役立つものだと思います。是非とも活用していただきたいものです。

売れない百科事典

　ここまで本書を読み進んできた読者は，「良い商品」というだけでは売れないことは，理解できるでしょう。商品が売れるためには，売れる仕組みを作り，それを駆使することで初めて商品は売れるのです。しかし，どんなに売れる仕組みを駆使しても，「（作ってしまった）売れない商品」が売れることはありません。

　例えば，私の研究室に，紙媒体で十数巻の百科事典を売り込みに来る出版社の営業がいます。インターネット上に，ウィキペディアのような電子百科事典がある今，そんな面倒でかさ張る書籍を買う人がいるのでしょうか。

　もちろん，インターネット上の情報には，嘘や誤りも含まれているので，出版社が責任をもって編集した百科事典が好ましいのは理解できます。

しかし，使い勝手という点だけから見ても，なぜその内容をCD-ROMやDVD-ROMなどの電子媒体に収録しないのか，首を傾げるしかありません。

面倒くささは嫌われる　このような「面倒くささ」は，一般的に嫌われます。一部に手間暇かけて消費することに生き甲斐を見出す人はいますが，多くの場合，「面倒くさい」よりは「手軽」なほうが，確実に歓迎されます。このような消費者に歓迎される特徴，裏返せば，歓迎されない特徴を，マーケティングでは，「商品コンセプト」と呼びます。消費者に「買いたい！」という気持ちを起こさせて，その背中を商品購買に向けて押す「スイッチ」のようなものです。言い換えれば，商品コンセプトは，ヒット商品を生み出す「打ち出の小槌」のようなものです。

1　快進撃を続けるスタジオアリス

スタジオアリスは，まったく新しいタイプの写真館です（写真9-1）。まず，自前で衣装などの服を用意する必要がありません。タキシードから白雪姫のコスチュームまで揃っています。また，撮ったその場でモニターで見ることがで

《写真9-1》　スタジオアリスのロゴと撮影風景

（写真提供）　株式会社スタジオアリス

《図表9-1》 スタジオアリスの売上高と経常利益の推移（単位：百万円）

	2007/12	2008/12	2009/12	2010/12	2011/12	2012/12	2013/12	2014/12	2015/12	2016/12	2018/2
■ 売上高	29,212	31,426	30,811	32,840	34,107	33,794	35,366	37,061	38,141	38,719	43,056
■ 経常利益	3,234	2,992	2,863	4,650	5,855	4,446	3,103	3,885	5,336	5,477	3,846

（出所） Stockclip㈱で提供されている数字をもとに筆者が作成

き，自分たちで選べます（写真は，2週間後に仕上がります）。

スタジオアリスが，子ども向けの写真館を始めたのが1992年ですが，1999年に社名を「スタジオアリス」に変更しています。その登場以来，人気は上がるばかりです。競争相手が出現したここ数年でも，確実にその勢いを伸ばしています。その勢いは，図表9-1のグラフを見ても顕著でしょう。

(1) スタジオアリスの手軽さと驚き

スタジオアリスが驚きなのは，一家族何枚撮っても，撮影料は3,240円（税込）なことです。店頭の約500着のさまざまな服をどれだけ着て写真を撮っても，この料金です。しかも，着付けやヘアセットもこの料金に含まれているので，撮る写真の枚数を気にすることなく納得いくまで撮影をしてもらえます。

驚くのは，そればかりではありません。子どもの場合，シャッター・チャンスをつかまえるのが非常に難しいものです。笑顔を撮ろうと思っても，なかなかカメラのレンズのほうを見てくれません。

ところが，スタジオアリスのスタッフの手にかかると，子どもたちはカメラ

に向かって笑顔を見せるのです。あるスタッフは，擬音を発しながらぬいぐるみを持って子どもの視線を引きつけます。その引きつけた目線をカメラのレンズに向かせて，真正面を向いた笑顔の写真が撮れるのです。

スタジオアリスのスタッフの多くは女性なので，子どもたちは警戒心なく笑顔を見せるのでしょう。このスタッフのほとんどは，一眼レフカメラを触った経験がありません。それにもかかわらず，シャッター・チャンスを逃さないのは，撮影の実践訓練を徹底的に受けるからです。

きちんとしたマニュアルに沿って訓練されるので，従来の写真館のように「芸術的」な写真ではなく，誰もが納得できるニュートラルな写真撮影を行うことができます。

スタッフは，写真撮影だけをするのではありません。新入社員の研修では，400項目以上の運営マニュアルを叩き込まれます。そのマニュアルを通じて，撮影技術だけではなく，スタジオ設備，カウンター業務，着付けやヘアセット，販売などのすべての業務を学びます。スタッフは，現場ですべての業務をこなすため，人件費などのコストを低く抑えて，業績向上につながっています。

(2) 選択権は客にあり

従来の写真館では，できあがりは，芸術家である写真家の趣味や嗜好が反映されているものが多く，撮影された写真を見て納得がいかないと思った人も少なくないかもしれません。

これに対して，スタジオアリスで写真を選ぶのは，写真を撮りに来たお客なのです。撮影が終わると，スタジオアリスでは，特許を取ったシステムで，撮影したばかりの写真をモニターですぐに見ることができます。

スタジオアリスの営業副本部長兼技術部長でもある取締役の牧野俊介氏（2005年当時。現在は専務取締役兼営業本部長）は，「着付け室から出て来た時のドレス姿を見て泣いているお父さんやおばあちゃんがいるんです。その感極まって熱がある内に写真を購入していただくので，今の単価につながっているのではないでしょうか」と語ります。

実際，お客の声を聞くと，「迷っちゃう，全部着せたくなる」「せっかくなので，なかなかできない格好をさせたい」「苦労するんです，全部ほしくなっ

ちゃって，つい全部買おうかと思っちゃうんですけど」「できあがりを見たら，どれも良くってついつい（たくさん）購入してしまう」「できるだけ残したい」「43枚撮って28枚購入，おじいちゃん，おばあちゃんがお祝いでくださった」などの声が聞かれます。皆さん，悩みながら，嬉しそうな顔をしています。

(3) 大枚をはたいても笑顔

　実は，写真を購入しないと写真データは消去されてしまうので，親にとっては辛い選択になります。一方，購入すると１年後には手数料540円でそのデータをもらうことができるため，それも写真購入熱に反映されているのでしょう。わが子の素敵な写真は，自分ではなかなか撮れないので，親心をくすぐる戦略です。

　先ほど，撮影料が3,240円だと言いましたが，写真を購入すると，写真の台紙やフォトフレーム，ポストカード，写真小物などの商品代が発生します。例えば，四つ切サイズの３枚セットであれば１万9,116円（税込）で，撮影料を加えると２万2,356円（2018年現在）となります。

　写真撮影のバリアを低くして，商品代で稼ぐという仕組みです。ほとんどの親が，大きな出費にもかかわらず笑顔でいるのも，この仕組みが評価されている理由でしょう。

　記念写真を撮る場合，百日祝いや誕生日記念などがありますが，誕生日記念などは毎年繰り返すものですから，リピーターも期待できます。そのため，スタジオアリスでは，記念日をたくさん用意して提案しています。例えば，七五三，マタニティ・フォト，ハーフ・バースデー，入園入学・卒園卒業記念，２分の１成人式（10歳を対象），十三祝い・十三参り，桃の節句・端午の節句，家族写真，長寿祝い，ブライダル・フォト，ディズニー・マーベル・キャラクター撮影，ディック・ブルーナの世界，などなどです。

　写真館専門誌「スタジオNOW」の編集長である北島茂氏は，少子化の中にあって，子どもの写真を撮る比率は逆に増しており，より多く子どもたちの写真を膨らませていこうとした（さまざまな記念日の提案などの）地道な戦略が，その成功の要因だろうと分析しています（参考資料：TBS「ブロードキャスター」2005年５月７日放映分など）。

2 商品コンセプト：10のカテゴリー

商品コンセプトには，大別して10のカテゴリーがあります。各カテゴリーの内容は，まだまだ膨らませることができますが，ここ10年ほどの検証では，10のカテゴリー自体は変化していません。

その10のカテゴリーを説明していきましょう。それぞれ，ヒットに好ましいキーワードと，好ましくないキーワードも併せて説明します。好ましくないキーワードの反対を考えてみれば，好ましいキーワードの広がりが見えてくると思います。

(1) 手軽さ

手軽さの反対は，「面倒くささ」や「苦労」です。手間暇を掛けることに価値を見出す商品もありますが（例えば，プラモデル製作），たいていの場合，面倒よりも簡単なほうが喜ばれます。

例えば，イケアで買った家具の組み立てに苦労する人が多いと聞きます。イケアの商品は，シンプルでお洒落な北欧の雰囲気があふれるものですが，その組み立てにくさがゆえに，イケア商品の購入をためらう消費者もいるようです。

それに対応するために，家具組み立てサービスがあります。それを利用すれば面倒くささを回避することができます。

> 歓迎される
> 手軽さや便利さ

調味料やペットボトルの蓋（ふた）もそうです。料理をしている時や仕事をしている時，両手が空いていないこともあります。そんな時，もし，片手で開けられれば，「手軽」で使い勝手が良いでしょう。

別の例で言えば，「○○時間で学べる経営学」「○○時間で学べるマーケティング」「日本でもっともわかりやすいマーケティング」など，学びの手軽さを訴える書名の本などがたくさん刊行されています。

| 歓迎できない手軽さもある |

ただし、この言葉にはマイナス面もあります。あらゆるものごとを「手軽」にするのは、無理があるからです。例えば、2009年7月に起こった北海道トムラウシ山遭難事故も、登山の「手軽さ」を訴えたばかりに、急変する山の天気に対応できず、プロの判断ができにくかったことが原因だと考えられます。

話を戻すと、「手軽」というキーワードの仲間には、「便利」「簡単」「気軽」「気楽」「楽」「代行」「身近」などがあります。「面倒」の反対に属するキーワードは、他にもあるかもしれないので、読者の方は、自分で考えてみましょう。

(2) 感動と癒し

映画を観たり、本を読んだりして「感動した！」という経験は、皆さんあるでしょう。広告宣伝などでも、「今年一番感動する本」「今年一番泣ける映画」という言葉がよく使われます。オリンピックやワールドカップなどでも、「感動をありがとう！」という言葉をよく耳にします。

《写真9-2》 ディスコで踊る人々

（写真提供） MAHARAJA MINAMI

「感動」して「興奮」した後には，必ずクールダウンの作業が付きものです。ですから，一見，反対に見える「癒し」もこのカテゴリーに入れました。

若者が好きなディスコやクラブもそうです（**写真 9-2**）。大音量の音楽と光り輝くレーザー光線に包まれて踊るのは，「興奮」以外の何物でもありません。そして，踊り疲れた後は，静かな音楽で「チル・アウト」します。「チル・アウト」は，「クールダウン」と同じ意味で，「癒し」の仲間に入ります。

このように，現代日本では，「手軽」に「感動」し「癒される」ことが求められています。この2つの言葉の反対語は「つまらない」です。その時に求められるのが，「感動」と「癒し」になります。この言葉のカテゴリーに入る他の言葉は，「驚き」「発見」「不思議」「挑戦」，そして「寛ぎ」などです。

(3) 安心・安全

誰でも「不安」は嫌いです。その反対に当たる言葉は，「安心」「安全」です。

その中でも最優先されるのは，身の「安全」「安心」でしょう。地震大国に住む私たちにとって，水と食料の備蓄は欠かせません。家に救急避難セットを備えておられる方もいると思います。

受験や就活でも「不安」は付いて回ります。その「不安」をできるだけ少なくするために，さまざまな対策が練られています。志望校を決める際に偏差値が利用されるのは，合格する確率を確かなものにして「安心」したいからです。大学でも就職課のような部署が，模擬面接をしたりエントリーシートの書き方講座を開いたりするのも同じ理由からです。

ところで，「不安」は避けたいものですが，遊園地などで人気のジェットコースターに乗る人の心理は，どう説明できるでしょうか。ここに働いている心理は，「気軽」に「安全」に「興奮」したいという感情です。バンジー・ジャンプやスカイ・ダイビングなども同じ心理が働いています。

この「安全」「安心」のカテゴリーに属する心理は，「不安」の反対にあるもので，「不安への対処」「清潔」「快適」などが挙げられます。このカテゴリーの中身を読者の方も膨らませてください。

⑷ 健　　康

　人類をはるか昔から悩ませてきたもの，そして，今でもなかなか解消できないものに，「病・老・死」があります。医学の発達や健康情報の浸透などにより，「病」や「老」の解消に関しては，ここ100年ほどでずいぶんの進化が見られるようになりました。

　健康器具や健康食品，栄養サプリメントなどを皮切りに，フィットネスクラブやジムナスティック（あるいは，ジム），ウォーキングやジョギングなどのスポーツも大流行です。定期健診や人間ドックもあります。

　食品や飲料に関しても健康を訴求する商品も多く発売されていますし，成分表示やカロリー表示も当たり前になって来ました。それらの表示がないと買わないといつ人までいます。その中でも，「特保（トクホ：特定保健用食品）」や「機能性表示食品」は，政府による科学的裏付けがあるので歓迎されています（**写真9-3**）。

　最近では，厚生労働省が企業に従業員のストレス・チェックを受けさせるよう義務化された制度もあります。これは，身体だけではなく精神の健康も大事だと考えられ始めた証拠です。

　「老」に関して言えば，シミやそばかすは，女性を悩ませる大問題です。最近では，男性も無関心ではいられない人も出てきたようです。シミやそばかすに対応するために，ビタミンCを多く配合した薬もドラッグストアなどで市販さ

《写真9-3》　特定保健用食品のマーク

（写真提供）　消費者庁

れていますし，その原因となる紫外線対策のためのクリームや日傘，手袋なども売られています。反対に，健康に見せるための日焼けサロンが流行するのも同じ理由でしょう。

この「健康」のカテゴリーに属する他の言葉は，その反対語である「病・老・死」に鑑みると，「体力」「気力」「若さ」「長生き」「ストレスフリー」などを挙げることができます。

(5) こだわり

あらゆる物事に無頓着なひとは，それほどおられないと思われます。こだわりがないという人でも，なにか1つは執着するもの，つまり，「こだわり」があることでしょう。

「こだわり」のカテゴリーには，この他に「自分（たち）だけの」「個性」「1人だけの」「思いどおり」「自分で選べる」「行きつけ」「支配」などがあります。このカテゴリーを理解するには，その反対の言葉である「皆と同じ」「一緒」を考えてみれば，わかるかもしれません。

この「皆と同じ」「一緒」が「こだわり」の反対語だと聞いて，不思議に思う方もいるでしょう。日本人は，「皆と一緒」が好きではないか，という意見です。

確かに，例えば，『世界のジョーク集』と題した本が何冊も出版されていますが，その中に，沈んでゆく船から乗客を助けるために，船長が「海へ飛び込んでください」という場面があります。皆さん，なかなか飛び込まないのですが，日本人には「皆さん，飛び込んでいます」と言うと効果的だというジョークが紹介されています。

次の(6)でお話しするように，「皆と一緒」が好きな人は多いです。ただ，ここのカテゴリーで指摘したいのは，「皆と"まったく"一緒」は歓迎されないこともあるという点です。

例えば，学生服やセーラー服は，見た目は同じですが，よく観察すると，微妙に異なっていることが分かります。学生服の裏地の色やデザインであったり，スカートの長さ，あるいは，着こなし方などが，微妙に異なったりするのです。

人とは異なっていること，自分だけのことなどが，この「こだわり」のカテ

ゴリーに入ります。皆さんも，ここに当てはまる他の言葉や心理を探してみてください。

(6) つながり

いまお話しした「皆と一緒」が好まれるカテゴリーは，「つながり」のカテゴリーです。ここに属する言葉を考える際に役立つのは，反対にある言葉，「孤独」です。「寂しさ」も入ると思います。

このカテゴリーに入る他の言葉は，「コミュニケーション」「群れる」「仲間」「共感」「和気あいあい」「人のためになる」「役立つ」「絆」「温もり」「共有」などがあります。どの言葉も，誰かとつながっていたいという心理が流れています。第1章で紹介したマズローの「欲求階層論」でも，「（他人からの）承認欲求」は，人にとって，とても重要な位置を占めています。

学生の間では，「ぼっち」という言葉が流行っています。「1人ぼっち」の"ぼっち"から来ている言葉です。この流行語は，肯定的な意味では使われていません。いつも"ぼっち"の可哀想な人，という文脈で使われます。いまの学生に限らないのかもしれませんが，「仲間はずれ」はとても怖い状況のようです。日本には，「村八分」という言葉もありました。

同級生や同僚と食堂に一緒に行き，同じものを頼む風景をご覧になった方も多いでしょう。部活動やサークル活動で，同じ色とデザインのTシャツやブルゾンを作って，メンバーみんなで着るということもあります。旅行で一緒に行った仲間と同じお土産を買うのも，よく見る光景です（「バンドワゴン効果」）。

高級ブランドで有名なフランスやイタリアの商品も，現地では限られた人たちしか購入しませんが，日本では多くの人が同じ高級ブランドのバッグなどを持っており，それによって「仲間」である証明になり，安心するのでしょう。

(7) 思い出

思い出を大切にする人は多いでしょう。プリクラ（正式名称「プリント倶楽部（商標）」）を活用する若者は多いですし，子育て中の親は，子どもの写真を撮るのに熱心です。

最近では，インスタグラムが流行ですから，これも「思い出」の仲間だと言えます。インスタグラムの場合は，「思い出」のほかに，「つながり」「共感」「驚き」などの商品コンセプトにも属していると思われます。

たかが写真，されど写真

たかが写真だと思う方もいらっしゃるとは思いますが，東日本大震災を思い出してください。辛い記憶ですが，津波が引いた後，自宅に家族の写真アルバムを探しに戻る人々の姿がテレビで放送されていました。

写真ではなくとも，思い出の品々はなかなか捨てられないものです。「断・捨・離」という言葉がありますが，思い出を整理しようと思っても，かえって見入ってしまい，整理作業が進まないことは誰でも思い当たるでしょう。

このカテゴリーに入る他の言葉は，「記憶」「普遍」「古典」「伝統」などがあります。同窓会などが開かれるのも，「記憶」や「思い出」を「共有」して「つながり」たいという心理の表れです。流行を追いかけるのは楽しいものですが，一方で「トラッド」「コンサバ」が根強く残っているのも「普遍」「古典」「伝統」を大切にしたいからです。

変化は楽しくない？

これらの反対になる言葉は「変化」です。これを聞いて，「変化のないのは退屈だ，つまらない」と言う人がおられると思いますが，それは，「安心」「安全」の範囲内での話です。

職場で前例主義がなくならないのも「変化」に対する「不安」があるからです。職場改革だといって変革を起こそうとすると，たいていの人は抵抗します。「変化」を嫌っている証拠です。

(8) 非日常体験

何の変哲もない日々の繰り返しは，退屈なものです。そこで，たまには気分を変えようと，「非日常体験」を求めに出かけます。地元や日本を離れて，日頃いる世界とは異なる世界を体験しに旅行するのは，この「非日常体験」を求めているからです。

| テーマパークは
非日常世界 |

ディズニー・リゾートやユニバーサル・スタジオ・ジャパンなどのテーマパークを楽しむのも非日常体験を求めてのことです。特に，ディズニー・リゾートでは，外からのお弁当の持ち込みを禁止しているのは，有名な話です。ディズニー・リゾートは，「夢の国」ですから，弁当を持ち込むとそれを見た他の来園者が「夢から覚めて」しまい，現実に引き戻されてしまうことを恐れているからです。

| 歓迎される疑似体験 |

「疑似体験」も歓迎されます。キッザニアが1つの例です（**写真9-4**）。子どもにとって，大人の世界は憧れです。小さな子どもは，よく大人の真似をしたがります。その欲求に応えたのがキッザニアです。キッザニアは，こどもが大人の仕事を「疑似体験」できるテーマパークです。パーク内でしか流通しないお金もあり，本格的な仕事体験ができます。

この他に，このカテゴリーに入るのは，「コト消費」や「夢のよう」などの言葉がありますが，それらの反対語は「モノ」です。

私たちの日常は，モノに溢れていますが，モノを所有することが喜びだったのは，まだ日本が貧乏で自動車や家電などのモノ自体が「夢のよう」な時代であったからです。いまは，「モノが売れない」と言われています。しかし，現在は，なにかを「体験」したいという「コト消費」に消費者の興味がシフトして

《写真9-4》 キッザニアの航空会社体験（左）と銀行体験（右）

（写真提供） KCJ GROUP 株式会社

います。

> モノよりもコト

お正月の福袋の中身も，老舗料亭でのお座敷遊び券や東京湾ディナー・クルーズ券など「コト消費」の比率が多くなっています。今の若者は，例えば，スキーをしないと言われますが，手ぶらでスキー場に行き，道具はすべて貸し出しで，スキー講習も受けられるというツアーは人気があるようで，これも「手軽」に「非日常体験（コト消費）」への需要があることを示唆しています。

(9) お洒落

　服装や身だしなみに気を使う人は多いと思います。ある程度の「小ぎれいさ」は，社会人であれば，最低限のマナーだと言えるでしょう。

　最近は，男性でも，眉の形をそろえたり指の爪をプロに磨いてもらったりする人も出てきていると聞きます。「お洒落」といっても，何もブランド品で着飾る必要はありません。「スマート」な着こなしが歓迎されているのでしょう。

　服だけではなく，身の回り品や仕事で使うバッグや文房具などにも，ちょっとした「お洒落」は求められます。家の中をトータル・コーディネートしようとするのも，「お洒落」の感覚ですし，イケアやニトリ（**写真 9-5**），無印良品などのトータル・コーディネートを提案する企業に人気があるのも頷けます。

《写真 9-5》 ニトリのロゴ

（写真提供）　株式会社ニトリ

《写真9-6》 リラックマ（左）とすみっコぐらし（右）

©San-X Co., Ltd. All Rights Reserved.

　また，世の中には，さまざまなキャラクターがありますが，多くの場合，その人気の秘密は「かわいい」ことにあります。これも「お洒落」のカテゴリーに入ります。定番の「キティ」に始まり，最近では，愛らしい「リラックマ」や「すみっコぐらし」（**写真9-6**）などに人気が集まるのも，この理由です。

　この他にも，「美しい」「きれい」「センスがある」「格好いい」などもここのカテゴリーに当てはまります。これらの反対語は，「格好悪い」「ダサい」です。

　一時期，ズボンをずり下げて履く「腰パン」が流行りました。大人から見ると，だらしなくて短足に見えるので「格好悪い」のですが，そうやって履いている若者にとっては「クール」「いかしている」ので，人気がありました。

　ちなみに，日本人女性に人気があるパリジェンヌですが，ファッションの都・パリを歩いてみると，私たちがファッション・ショーで見るような服を着ている人は，まったくと言ってもよいほど誰もいません。彼女たちは，少ない種類の服を上手に着まわして小物で演出する術を身に付けています。加えて，Tシャツとジーンズでも見栄えがするのは，姿勢がとても良いからです。

　私の少ない経験から言うと，少なくないフランス女性は，幼い頃にクラシック・バレエを習っているようです。そんなところにも，「センス」が見られます。

(10) 贅　沢

　ここのカテゴリーに属する言葉の反対語は、「貧乏」「質素」です。水や食料に貧するほどの生活は誰も望みませんし、より裕福で満ち足りた生活を望むのは、人間の長い歴史から見ても明白です。

　一般的に言って、何かが足りない、欠けているという状態を人は嫌います。言い換えれば、限りなく「完全」に近づきたいのです。似たような言葉には、「贅沢」の他にも「プロ」「ゆとり」「本格的」「成功」などの言葉があり、ここのカテゴリーに属しています。

　若い頃にはお金がなくて欲しいものが買えなかった人が、人生も後半になり、欲しいものを思う存分買い入れる「大人買い」も「贅沢」につながっています。

完璧を求める心

　デザインなどの美術や音楽などの芸術でも、素人なりの自由な発想が、時として面白い結果を出すことはありますが、やはり、「プロ」の「本格的」な仕事が歓迎されます。押さえるところをきちんと押さえて定石通りに仕事ができるのが、「プロ」の仕事であり、定石を知っているからこそ、自由に飛躍できる、創造性を発揮できるのです。

見せびらかしの消費心理

　人生の成功を何を基準に計るかは議論のあるところですが、金銭的な富に恵まれるというのも、成功の1つの形態でしょう。そのような人は、自分の成功を他人に見せびらかしたくなります。

　例えば、高価な腕時計もその成功の証明にもなります。安い腕時計では意味がありません。高額であることが大事なのです（「ヴェブレン効果」）。

　以上、商品コンセプトの10のカテゴリーを紹介しました。それぞれのカテゴリーには、いくつもの心理を説明する複数の言葉がありましたが、まだ、すべての心理と言葉を列挙できたとは思いません。

　この内容を豊かにして、ビジネスの現場で使い勝手をよくするためにも、皆

さんの協力が必要です。これら10のカテゴリーを念頭に入れながら，膨らませてみてください。その際のヒントになるのは，消費を阻む反対の言葉，例えば，(1)の「手軽さ」であれば，「面倒」を避けるような商品コンセプトを探すというのも一手だと思います。

これらのキーワードは，数学でいえば，あくまで「必要条件」です。どのような商品コンセプトを持った商品がヒットするかは言えますが，具体的に，いつ，どこで，誰にヒットするかは，現場の方の経験と勘，そして，センスにかかっています。それが，ヒットを確実にする「十分条件」なのです。

3 検証：スタジオアリス

さて，先に挙げたスタジオアリスのビジネス・モデルですが，どれだけの商品コンセプトが含まれているのか，振り返ってみましょう。「　」で括った部分が，商品コンセプトになります。それでは，始めましょう。

従来の写真館に記念写真（「思い出」）を撮りに行くのは，自前で服を用意しなければならず「面倒」でした。料金も高い割には，どんな写真が出来上がるのか，とても「不安」です。その点，スタジオアリスは，何枚写真を撮っても衣装やヘアセットも含めて撮影料が3,240円（税込）ですし，そして自分たちで選んだ写真の代金のみが撮影料に加わるだけなので「安心」できます。ですから，その料金の安さに「驚き」ます。

「安心」と言えば，スタッフの多くは女性なので，子どもたちは「安心」できますし，撮影技術もきちんと訓練を受けており（「プロ」「本格的」），出来上がった写真もスタジオ任せ（「不安」）ではなく，「自分たちで選べる」ので，これも「安心」です。

子どもの写真を撮るのは，素人ではシャッター・チャンスをうまく摑めず「苦労」します。ところが，スタジオアリスのスタッフの手にかかると，子どもがカメラを向いて笑顔を見せます。それには，親も「驚き」です。「感動」さえします。付き添いで来ていた祖父母たちも「驚き」「感動」しますが，「健康」で「長生き」して良かったなあ，と思える瞬間です。親子三世代で写真撮影を楽しめるので，家族の「絆」や「温もり」を感じられて「和気あいあい」とし

た気分になれます。

　子どもたちにとっては，いつもは着ることのできない（「非日常」）たくさんの衣装が用意されているので（「お洒落」），それを着ると，まるで「夢のよう」です。着付けもヘアセットもスタッフが「本格的」にしてくれるので（「代行」），親はとても「安心」し，また着付け室から出て来たわが子の姿を見て「感動」します。

　出来上がった写真をみるとどれも買いたくなります。ついつい多めに選んでしまいますが（「贅沢」），わが子の写真ですから後悔はありません。スタジオアリスが提案する記念日（「思い出」）もたくさんあるので，何度でも足を運び，家族の「思い出」を増やしていこうと思う親も多いようです。

　いかがでしょうか。驚いたことに，スタジオアリスの場合，10のカテゴリーすべての商品コンセプトが網羅されています。これだけすべてのキーワードを含んでいる商品は珍しいと言えます。ヒットし続けている理由です。

　ヒットに必要なのは，これら商品コンセプトの10のカテゴリーのうち，最低1つは満たしていることです。加えて，ヒットの足を引っ張る要素を削ることです（ディズニー・リゾートの弁当持込み禁止などがそうです）。

　商品コンセプトは，商品の「売り」とも言い換えられます。その商品には，「売り」がありますか？　その「売り」は，本当に確かですか？　それとも思い込みではありませんか？　自問自答してみてください。

4　いくつかの例題

(1)　スターバックス

　スターバックスは，アメリカのシアトル発祥のコーヒー・チェーン店です。おいしいコーヒーを飲ませることで知られています（**写真9-7**）。

　しかし，おいしいコーヒーと言えば，従来の喫茶店は注文を受けてから本格的に淹れるので，おいしさにかけては引けを取りません。最近では，コンビニの100円コーヒーも負けてはいません。それでも，スターバックスが愛される理

《写真9-7》 スターバックスの店舗外観

(写真提供) スターバックスコーヒージャパン

由，すなわち，商品コンセプトは何でしょうか。

　それは，「手軽」に「お洒落」で「本格的」に「寛げる」場所だからです。職場でも気は抜けませんし，家庭も家族がいれば気を使うこともあります。その2つとは別に，安らげる空間（店舗）があり，おいしいコーヒーを飲めて，そして，働くパートナー（従業員）の接客を受けられる「サード・プレイス（第3の場所）」だというのが，人気の秘密です。

　コーヒー・チェーン店の代表がスターバックスですが，他にも，タリーズコーヒーやエクセルシオール カフェ，シアトルズベストコーヒーなども似たような商品コンセプトを掲げて競い合っています。

(2) ハーゲンダッツ

　ハーゲンダッツ（**写真9-8**）は，高級アイスクリームだとされています。確かに，他のアイスクリームが100円台であるのに比べると，結構，価格は高めですし，実際，食べてみても，期待どおりかそれ以上の満足感があります。テレビCMを観ても，お洒落な女優さんが，間接照明の雰囲気のある部屋で食べているシーンが流れます。

《写真 9-8》 ハーゲンダッツのロゴ

（写真提供） ハーゲンダッツ

　それだけ高級なアイスクリームですから，それなりのお店でないと買えないと，普通は思います。ところが，どのスーパーマーケットやコンビニに行っても，たいていは冷凍庫に入って売られています。どれも，ごく普通の庶民的なスーパーマーケットです。コンビニにしても，富裕層に限られた店を見たことはありません。

　いったい，これは，どう解釈したらいいのでしょうか。

　それは，「手軽」に「贅沢」が味わえるからです。普段は食べる機会はあまりありませんが，人によっては「ご褒美」としてたまに買うことがあるでしょう。また，テレビCMのように，ちょっと雰囲気を出して食べるのであれば，「お洒落」な「非日常」を楽しむとも言えるでしょう。

(3) ハルウララ

　高知競馬場で1998年にデビューした競走馬のハルウララ（写真 9-9）は，一度も勝つことなく，連敗続きでした。通常，連敗馬というのは，人気が出ません。なぜなら，競馬場に通ってギャンブルを楽しむ人たちにとっては，勝つ馬に興味があるからです。たまに勝つことがある競走馬であれば，大穴狙いでお金をかける人もいるかもしれませんが，まったく勝つことがない馬には興味がありません。

　そのハルウララが，2003年になって急に注目を浴びることになります。一度も勝つことなく連敗続きに気づいた実況アナウンサーがいたからでした。こ

《写真9-9》 現在のハルウララ

（写真提供） マーサファーム　春うららの会

のアナウンサーのお蔭で，その名前が人々に知られるようになりました。一度も勝ったことのない馬ということでは，珍しく話題になったのでしょう。

　でも，どうして，負け続けなのに人気が出たのでしょうか。馬券を買っても，損するだけです。話題にはなっても馬券は売れないと考えるのが常識的ですが，その売れないはずの馬券が売れたのでした。とても不思議です。

　ヒントは，長引く不況にありました。頑張っても頑張っても給料は上がらない，下手をすればリストラ（人員整理という解雇）に遭ってしまいます。

　ハルウララは，本当なら処分（安楽死）させられる運命でしたが，人気が出たことで「リストラされない（処分されない）」とか「（馬券を買っても）当たらない＝（交通事故で車に）当たらない」とか，とにかく不運続きの中でも走り続ける姿が，不況で苦しむ人たちの「共感」を得たからでした。しかも，従来の男性のファンだけではなく，女性たちにも受けたのでした。

　もし，日本の高度経済成長期であったなら，ハルウララはまったく注目されなかったに違いありません。日本では，バブル崩壊後の長い不況期を「失われた10年」とか「失われた20年」と呼びますが，そのような経済状況だったからこそ，人気が出たのでした。

以上，3つの例題を考えてみましたが，商品コンセプトは発見できたでしょうか。最初は難しいですが，何度か練習を繰り返せば慣れてきます。

買い物に行くときに，目に入る商品や手に取った商品，あるいは，手に取らなかった商品，実際に買った商品と買わなかった商品の特徴，すなわち，商品コンセプトを考える癖を身に付ければ，それほど難しくはなくなるでしょう。

―《考えてみよう》―

Q 28　自分のお気に入りのモノやコトを挙げて，その商品コンセプトを考えてください。

Q 29　買って気に入らなかったモノやコトの商品コンセプトを考えてください。

第10章

マーケティング・ミックスを知ろう：
売れる商品の4つの必要条件

あらゆる理論には，「幹・枝・葉」があります。「幹」の部分は，その理論の本質部分だと言えるでしょう。では，マーケティングの本質は何でしょうか。

それは，「顧客創造」を「マーケティング・ミックス」を通じて実現させること，と言えるでしょう。「顧客創造」に関しては，第3章と第8章ですでに説明しました。本章では，「マーケティング・ミックス」を説明することにします。

なお，マーケティング・ミックスについては，拙著『Why（なぜ）を考える！マーケティングの知恵』（中央経済社，2010年）の第4章で詳しく説明していますので，より深く学びたい方は，そちらを参照してください。

1 マーケティング・ミックスの考え方

マーケティング・ミックスには「ミックス」という言葉が入っているように，いくつかの要素が組み合わされたものです。そこには4つの要素が入っていますが，そのどれか1つが欠けても顧客創造は起こりません。商品の購入にはつながらないのです。

企業の経営戦略の相談に乗ることがありますが，マーケティング・ミックスのいくつかが抜けていることが多いです。そこで，マーケティング・ミックスにもとづいてアドバイスします。読者の皆さんも，これを単なる知識ではなく，戦略をチェックする道具 ＝ 知恵として使っていただきたいと思います。商品のマーケティングを考える際は，マーケティング・ミックスの4つのすべてを確実にチェックすることが大事になります。

マーケティング・ミックスは，従来は，企業からの視点で考えられてきまし

た。その内容は，商品戦略（Product）・価格戦略（Price）・販売促進戦略（Promotion）・流通経路戦略（Place）の４要素から成り立っており，英語では４つの要素の頭文字を"P"から始まる用語に統一したため，マーケティング・ミックスと言わずに"４Ｐ"ということもあります。

一方，最近では，1990年にロバート・Ｆ・ラウターボーンが提唱した"４Ｃ"という考え方が出てきました。これは，企業目線の"４Ｐ"に加えて，消費者目線・顧客目線からマーケティング・ミックスを考えるものです。この"４Ｃ"も４つの要素から成り立っており，"４Ｐ"のそれぞれに対応しています。

(1) 商品戦略

商品戦略は，元々は，製品戦略といい，英語では"Product"と書きます。ただ，製品というと，主に工業製品を指すことになり，不都合が生じてきます。そこで，本書では，「製品」に代わり「商品」という言葉を使います。

また，"Product"に対し，消費者目線では"Customer Value & Customer Solution"が対応しています。簡潔に言えば，「商品」が消費者の満足につながっているかどうかという視点から「商品」を吟味します。

基本価値

商品戦略で，最も大事なのは，その商品が消費者の欲求を満たせるかどうかです。具体的に言えば，前章で説明した商品コンセプトをきちんと持ち，それを実現できる機能や性能，性質や特徴，色やデザイン，ネーミングやブランドなどを持っているかどうかを吟味することです。

加えて，必要なのは，競争相手を念頭に置くことです。市場細分化戦略で競合他社がいない場合は，その商品が消費者欲求に合致しているかどうかの吟味で済みます。一方，競争相手がいる場合は，消費者が満足するだけでは，商品は売れません。競合商品に勝てるだけの機能や性能，性質や特徴，色やデザイン，ネーミングなどで，優位な位置に立てるかが重要です。この優位な位置に立たせることを商品差別化（戦略）と言います。

付帯価値

商品戦略では，商品そのものも大事ですが，むしろ，売ってからが商品戦略の始まりといってもよいでしょう。自動車であれば，整備点検や修理の問題が出てきます。食品の場合，何か問題があれば，お客様相談口に問い合わせないといけません。パソコンや家電製品も使い方が分からないとサポートセンターの助けが必要です。これらのアフターサービスやアフターケアが大事です。

周辺価値

商品を買う気分も大事です。店内の雰囲気や店員の対応も商品価値を左右します。同じ商品でも，気持ちのよい接客をする店員と無愛想な店員から買った場合では，前者は「よい買い物をした」気持ちになれますが，後者だと「なにか損した」気持ちになります。商品の購買場面も大事なポイントです。

(2) 価格戦略

経済学では，一般的な消費者心理として，同じ商品であれば価格が安いほうを買うと設定しています。商品を買ってしまった後で，より安く売っているのを見かけて損したと感じた経験は，どなたもあることでしょう。価格付けによって，消費者が商品を買うかどうかが左右されることが多いので，価格（Price）の設定は大事な要素です。価格の問題は，消費者目線では，"Cost"の問題になりますが，後述します。

商品価値は正確には判断しにくい

商品価格は安いほど売れるというのが原則ですが，しかし，消費者がすべての商品"価値"を正確に判断できるとは限りません。

例えば，同じ風邪薬があったとして，一方が安く，他方が高い時，安いほうを買う人もいますが，効果が高いと思われる価格の高いほうを買う人もいます。

多くの商品の場合，その「価値」を正確に判断できない時は，「価格」によってその中身や品質を判断することも多いのです。

お笑い芸人のダウンタウンが企画する『芸能人格付けチェック』という番組

では，商品の価格がかなり違っていても，芸能人がその区別が付かず，意見が分かれてしまうところが面白いのです。もし，誰もが商品の「価値」を正確に判断できるのであれば，この番組は面白くとも何ともなく成立しません。

『はねるのトびら』というバラエティ番組には，「ほぼ100円ショップ」というコーナーがありました。100円商品の中に数万円以上もする高額商品が含まれており，それを見極めるというものでした。この番組も，100円商品と高額商品の見分けがつかないところが，面白かったのです。

それほど，商品の「価値」を見極めるのが難しいので，多くの人は，「高い」から「いい商品」だ，「安い」から「よくない商品」ではないかと，「価格」から商品の「価値」を判断するのです。その意味でも，「価格付け」は，商品の「価値」をアピールする上で重要です。

商品の表示価格

とはいえ，安いほうがお得感があるのは事実です。その証拠に，例えば，1,000円の商品よりも998円（税抜）の商品のほうを選ぶことはないでしょうか。反対に，1,000円の商品が1,002円（税抜）だとしたら，どう感じるでしょうか。多くの人は，998円のほうを選びます。

支払い手段

最後に，支払い手段のことに触れておきます。現在は，現金のほかに，現金と同じ働きをするデビット・カード，前払いのプリペイド・カードあるいは電子マネー，後払いのクレジット・カードなどがあります。

いずれも小銭を持ち運びせずに済むので手間いらずですし，高額の支払いの場合などにも重宝します。このように支払い方法をいくつも取り揃えておくと消費者にとっては便利です。

(3) 販売促進戦略

販売促進戦略には，さまざまなものがありますが，一言で言えば，消費者の「買いたい」という気持ちを後押しすることです。消費者目線で言えば，"Communication"といいますが，後述します。

いずれにしても，商品の存在を知らなければ買う気にもなりません。商品の存在を知っているだけでも購買にまでは至りません。広告や営業，販売などを通じて，「この商品を買うとお得ですよ」と消費者に訴える必要があります。

お試し

お試し用のサンプルなどは，実際に商品に触れることができるので，営業や販売の説明だけで分からない点も知ることができます。家電量販店で店頭に並んでいる商品群や，試飲・試食・試着・試聴・試乗・試供品などは，買いたい気持ちの最後の一押しをするので，極めて説得力のある販売促進になります。

ますます重要になるSNS

なお，以上の販売促進戦略は，企業努力でなされるものですが，企業努力の影響が及びにくいものに，ブログやツイッター，フェイスブックやインスタグラム，ユーチューブやラインなどのSNS（Social Networking Service）を通じた口コミがあります（友人との他愛ない会話も口コミの範疇です）。

ただ，企業も有力なブロガーなどに商品を使ってもらい，感想を人々に広めてもらうなどの努力をしているところもあります。

販売促進戦略の手法には多種多様なものがありますので，詳しくは，拙著『Why（なぜ）を考える！　マーケティングの知恵』（中央経済社，2010年）の第4章をご参照ください。

(4) 流通経路戦略

"Place"は「場所」と訳せますが，元々の意味からすると「流通経路」の問題です。消費者目線からは"Convenience"ですが，「商品の購買機会」と考えると，「流通経路」＝「商品の販売機会」となるので，覚えやすいと思います。

商品が売れるためには，消費者が入手しやすい状況や状態に商品を置くことです。すぐに考えられるのは，どの店舗に置けば，消費者は買いに来てくれる

かです。その際に考えるべきことは，商品のもつ性格を見ることです。

商品の性質によって分かれる流通経路　第8章で「最寄り品・買回り品・専門品」の話をしましたが，最寄り品であれば，例えば，乾電池であれば，どこのコンビニに行っても置いてあることが大切です。乾電池のメーカーを選り好みする人は少ないでしょうから，消費者がどこにいても手に入りやすいようにするのが得策です。

　買回り品であれば，消費者が商品を比較して見て回れるように，ショッピングセンターやショッピングモール，商店街や商業集積地に置いておくと，消費者は広範囲を手間暇かけて歩き回る必要がありませんから，便利でしょう。

　専門品の場合は，例えば，ピアノや自動車であれば，コンビニのようにどこにでも店を出すというわけにはいきませんが，消費者がアクセスしやすい工夫はいると思います。例えば，幹線道路沿いに出店するとか，駐車場を常設するとかなどです。

流通経路の他の問題　購買機会ということで忘れてはいけないのは，営業時間です。閉店している間は買いたくても買えませんので，営業時間の設定にも気を使いましょう。

　気を付けたいのは，出店場所や営業時間だけではありません。店舗があり開店していても，品切れを起こしていては販売機会を逃してしまいます。在庫管理も大事なことです。

2　4Cの考え方

　企業目線から考えたマーケティング・ミックス"4P"を，消費者目線から捉え直したものが"4C"です。マーケティングとは，「消費者視点の経営学」「消費者志向の経営学」「消費者起点の経営学」というものですから，"4C"から見ることで，"4P"では見落としてしまうポイントを知ることができます。

(1) 顧客価値と顧客問題解決

消費者目線からみた商品"Product"に当たるのが,「顧客価値」と「顧客問題解決」です。英語では,前者を"Customer Value"と言い,後者を"Customer Solution"と言います。

欲しいのは「穴」

この考えを理解するのによく引き合いに出される例が,ドリルで開ける穴の話です。ドリルを扱っている企業は,消費者にドリルを買ってもらいたいと思っています。消費者も,穴をあけるにはドリルが必要だと思っています。

しかし,ビジネスの本質を考える時,消費者が求めるのは,「穴をあける」ということです。もし,ドリル以外で穴をあけられる手段が登場してくれば,ドリルは不必要になります。ドリル会社は,ドリルを売るのではなく,穴をあける手段を考えるべきなのです。

現代の若者にとって,音楽はダウンロードして聴くものですが,日本では,まだ,現物信仰が強いのでCDもなくなっていません。しかし,アメリカのタワーレコードは,CDが売れなくなり倒産してしまいました。もし,自分たちが売っているのは,「音楽を聴く喜び」だと考えていたならば,ダウンロード事業に乗り出して倒産は免れたかもしれません。

事業の定義を考える

このように,自社が何を商品として提供しているかという問題は,事業の定義の問題だと言えます。詳しくは,拙著『Why(なぜ)を考える!マーケティングの知恵』(中央経済社,2010年)の65〜67頁で説明しています。

言い換えるなら,事業の定義とは,前章で学んだ商品コンセプトにも絡む問題であり,いま学んだ「顧客価値」や「顧客問題解決」とも関係のある問題であると言えます。消費者が何に価値を見出すか,その具体的内容が「商品コンセプト」という訳です。必ず,この商品コンセプトのリストを念頭に浮かべるようにしてください。

顧客問題を解決する

他の例を出しましょう。例えば，風邪を引いた時，苦しくて早く治したいですよね。これが，「顧客問題」です。そこで，ドラッグストアへ行き風邪薬を買ったり，病院に行き投薬や注射などを受けたりします。これにより，「風邪」という「顧客問題」が「解決」します。

しかし，どの風邪薬が良いのか，どの病院が良いのかを考える必要に迫られます。きちんと患者（顧客）の話を聞いて，どのような薬を処方するのか，どのような注射をするのか，何も説明しない医者と丁寧に説明する医者では，患者（顧客）の気持ちがはっきりと分かれます。

顧客価値を高める

インフォームドコンセント（informed consent）という言葉がありますが，患者が納得いくまで説明して診察をしようという動きがあります。それにより，よりよい診察を受けることができたという満足感が「顧客価値」につながります。同じ診察であっても，「顧客価値」が異なるのです。

もし，"Product"だけの視線しかなければ，そこまで患者の心に寄り添うという考えは出て来ないでしょう。患者は，黙って医者の言うことを聴いておけばいい，という医者もいますが，ここには，顧客目線（「顧客問題解決」と「顧客価値」）が欠けています。

(2) コスト

ここでいうコスト（英語では"Cost"）は，商品の価格に含まれるコストではなく，その商品を得るまでに顧客が支払わなければならない費用のことです。同じコストという言葉なので，よく混乱する人がいるのですが，企業目線の「コスト」なのか，消費者目線の「コスト」なのか，きちんと分けて考えましょう。

全国展開しているイオンでは，たくさんの買い物をしたり，店舗によっては郊外に出店していたりするので，自家用車で出かける人も多いでしょう。そのために，大型の駐車場が用意されています。駐車料金は制限時間まで無料ですから，「コスト」はかかっていません。もし，これが有料であれば，気楽に買

い物ができません。無料（「コスト」なし）だからこそ，買い物に来るのです。

　また，コンビニにある駐車スペースもそうです。駐車料金が要るのであれば，顧客はコンビニに寄らないでしょう。ネット通販もそうですが，家から出ずに買い物ができるのは，交通費（コスト）が要らないからです。この視点は，"Price"「価格」だけを考えていると出て来ません。

　欲しい服を買いに街へ出かけるとします。どんな服を買いたいかは，ファッション雑誌を参考にすることも多いかと思いますが，このファッション雑誌に支払っているお金が「コスト」です。「情報探索費」とも言えるでしょう。

　最近は，スマートフォンやインターネットから無料でたくさんの情報が得られると思っている人も多いのですが，実際のところ，スマートフォンやパソコンの購入料金やインターネットにアクセスする通信費などがかかっているので，本当は「コスト」がかかっているのです。「情報入手費」と言えます。

(3) 意思疎通

　販売促進"Promotion"には，さまざまなものがありますが，多くの場合，商品などに関する情報は，企業から顧客への一方通行が多いと思います。しかし，企業から送られてきた情報だけでは，顧客が知りたい情報が抜けていることがあります。そこで，顧客が知りたい情報を，顧客に納得いくまで説明するのが，営業や販売，そして，お客様相談口やコールセンターの仕事です。これが，「意思疎通」"Communication"の問題です。

　最近，4Kテレビという新製品が登場しています。現在のハイビジョンテレビと比べて，はるかに高画質という触れ込みです。お客には，4Kについてよく知っている人もいれば，4Kという言葉を初めて聞く人もいます。

　対応する人は，よく知らない人には，わかりやすい説明をします。一方で，よく知っている人には，より専門的な説明をします。広告宣伝や広報では，このようなことができません。相手に応じて，きめ細かい対応ができるというのが「意思疎通」"Communication"なのです。

　ネットでは，そのような事はできないと考える人がいますが，実際は違います。例えば，新潟に住んでいる人が，親戚のお祝いに何か買いたいけれども困っている時，東京の三越へネットでアクセスします。対応に出た人は，その

人の話をよく聞き，いくつかの案を提出します。その繰り返しの中で，本当に満足のいく買い物ができます。リアル店舗でもネット店舗でも，「意思疎通」"Communication"は，とても重要です。

(4) 利 便 性

企業は，顧客が集りそうな店舗に，自社商品を置きたいと思います。「流通経路」"Place"の話なのですが，顧客目線から見るとどうでしょうか。

例えば，Amazonなどのネット通販で，本を買ったとしましょう。通常は，自宅などへ配送されます。配達時間を指定して受け取ることもできます。でも，帰宅が深夜になる独身者の場合，受け取ることができません。「不便」です。

そこで，ネット通販会社は，顧客の指定したコンビニで取り置きできるようにしました。荷物の配達は，朝から夜の9時までですが，コンビニは24時間営業なので，問題がありません。

このように，商品の手に入れやすさを考えるのが，「利便性」"Convenience"です。「商品の購買機会」とも言い換えられます。この視点も，"Place"「流通経路」だけでは生まれなかったでしょう。顧客目線で考えたからこそ，実現しました。

「商品の購買機会」という点では，店舗の営業時間も考える必要もあります。百貨店などが営業時間を夜8時までにしているのは，顧客の多くが日中は仕事をしているので，以前のように夜6～7時に閉店してしまうと，百貨店で買い物しようとしてもできないからです。

通販やネット通販であれば，注文の受け付けは24時間なので便利ですが，実店舗となるとそうはいきません。

3 マーケティング・ミックスの練習：SOYJOY

さて，ここで，実際の商品を使って，そのマーケティング・ミックスを確認してみましょう。商品は，大塚製薬が発売しているSOYJOYです。

発売当初は，4種類しかありませんでしたが，現在では，11種類もある大ヒット商品です（**写真10-1**）。たいていのコンビニやスーパーマーケット，ドラッ

《写真10-1》 SOYJOY のラインナップ

(写真提供) 大塚製薬

グストアなどで買うことができます。
　商品写真と次頁の新聞記事（**写真10-2**）もあるので，それも一緒に読んで，読解してみましょう。
　商品写真と新聞記事などから読み取れるマーケティング・ミックスの内容をまとめたものが，以下のようになります。

(1) Product／Customer Value／Customer Solution

① ターゲット：食生活が不規則になりがちな消費者
② 商品コンセプト／顧客価値：手軽に健康
③ 新聞記事から読み取れること
　大豆粉とドライフルーツを焼き上げた栄養補助食品／携帯しやすい／いつでもどこでも手軽に食べられる／食事代わりや栄養を補うためのもの／しっとりとした食感／130kcal 前後／大豆タンパクや大豆イソフラボン，食物繊維をとれる／11種類の味を揃えた／カロリーメイトが炭水化物が主成分であるのに対し，SOYJOY はタンパク質が主成分なので競合しない
④ その他，考えられること
　明るい色使いとシンプルなデザインで親近感を与える／パッケージに内容物の断面写真があるので安心して買える／"SOYJOY" というわかりやすく軽やかな響きのネーミング／商品名をアルファベットで表示するの

《写真10-2》「大塚製薬 SOYJOY」

大塚製薬「SOYJOY」

大豆粉に果物加えた栄養補助食品

大塚製薬が四月三日に発売した大豆粉とドライフルーツを焼き上げた栄養補助食品「SOYJOY（ソイジョイ）」（税抜き希望小売価格は百十五円）の販売が好調だ。発売後三カ月で千五百万本を販売し、計画を上回るペースで売れている。棒状で携帯しやすく、いつでもどこでも食べられる手軽さが受けている。

栄養補助食品は同社の「カロリーメイト」やアサヒフードアンドヘルスケア（東京・墨田）の「バランスアップ」などが有名。食生活が不規則になりがちな消費者が、食事代わりや栄養を補うために摂取する需要は高まっている。

「SOYJOY」はカロ

ヒットの舞台裏

リーメイトに次ぐブランドに育てる狙いで投入。大豆をまるごと粉にして使用し、生地にフルーツなどを加え棒状にして焼き上げた。製法にはカロリーメイトのノウハウを活用。焼き加減の工夫とドライフルーツから染み出す水分の効果で、食感をしっとりさせた。

一本当たりは約百三十㌔㌍。美容や健康維持に役立つとされる大豆タンパクや大豆イソフラボン、食物繊維を取れる健康イメージを強調。豆乳や豆腐など日本人になじみ深い大豆への知

「健康」強調、CMを集中放映

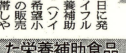

識を改めて深めてもらうため、商品のホームページでは大豆を使った料理なども紹介している。

飽きさせないよう四種類の味をそろえた。「レーズンアーモンド」は複数のドライフルーツにラム酒の香りを加えた。ほかに「カカオオレンジ」「アプリコット」、中国産果実を加えた「サンザシ」がある。

知名度の向上へ販売促進キャンペーンも全国各地で展開中。ゴルフ場やホテル宿泊者に試食用の商品が当たるキャンペーンも九月まで実施予定。商品の無償配布も今年は一千万本規模で行う。

人気タレント、みのもんたさんを起用したテレビCMを四～五月に集中放映。仕事などに多忙な人が、ほっと一息をつく時間を「ビズブレイク」と提唱し、休憩時間に手軽に食べられる利点をアピールした。

同社の百二十人を対象にした発売前の調査では八七％がおいしいと回答し、七九％が改めて食べてみたいと評価したという。

（出所）日本経済新聞（朝刊）2006年7月8日付け記事

第10章　マーケティング・ミックスを知ろう：売れる商品の4つの必要条件　◆ *173*

で格好よい／大塚製薬というブランドで安心感がある

(2) Price/Cost

① 新聞記事から読み取れること
　　税抜き希望販売価格が115円は高くも安くもなく手頃な価格
② その他，考えられること
　　現金だけではなく電子マネーやお財布携帯でも支払える／大量生産による規模の経済性のため手頃な価格に設定できる／都心では通勤経路のコンビニなどで売っているため入手費用は0円／地方では無料の駐車場があるコンビニなどで入手できるため入手費用は0円／コンビニや薬局ではポイントが付くので実質的な値引き／消費増税前は120円と端数が出ず支払いやすい／120円（税込）よりも安いと効用が不安な一方，120円（税込）より高くなると割高感が生ずる

(3) Promotion/Communication

① 新聞記事から読み取れること
　　自社の社員120人を対象にした発売前の調査／人気タレントみのもんたを起用したTVCMを4〜5月に集中放映／「ビズブレイク」というキャッチフレーズで使用場面を具体的に示す／知名度向上への販売促進キャンペーンを全国各地で展開（具体的には，ゴルフ場やホテルなどで試食してもらう＆インターネット上で毎月千人に試食用の商品が当たるキャンペーンの実施＆商品の無料配布を1,000万本）
② その他，考えられること
　　テレビ・ラジオ・雑誌・新聞などで宣伝／見つけやすいシンプルなデザイン／手に取りやすい目線の高さの棚に置く／お客様相談口の電話番号が載っているので相談しやすい／商品の側面にカロリーや成分表示があり安心できる

(4) Place/Convenience

① 新聞記事から読み取れること

(記載なし)……よく勘違いが起こるのは，ゴルフ場やホテルで試食させたので，そこがSOYJOYの入手機会だとすること。この部分は，販売促進の場所なので，流通経路や利便性ではないことに注意
② その他，考えられること
通勤客が多い通勤路のコンビニやドラッグストア／すべてのコンビニに納入（営業の仕事）および仕入れ（バイヤーの仕事）／POSシステムによる販売歴と在庫状態を照らし合わせて，常に品切れのないように仕入れて置く／24時間営業のコンビニ／ドラッグストアは，朝9時くらいから夜9時くらいまでなら買える／インターネットでは24時間注文できるが，配達は当日か翌日の配送業者の営業時間に限られる

いますぐこれだけ思いつかなくても心配いりません。何度も何度もチェックしましょう。講義外の時間でも，商品を店頭で手に取るときに，常にマーケティング・ミックス（4P&4C）を意識しましょう。

4 マーケティング・ミックスの練習：ヘルシア緑茶

さらに，マーケティング・ミックスの学習をしましょう。今度は，花王の「ヘルシア緑茶」と，サントリーの「黒烏龍茶」，そして，伊藤園の「カテキン緑茶」です。3者ともお茶市場で競合している商品で，両者とも特定保健用食品（以下，特保）の指定を受けています。

「ヘルシア緑茶」の成功を受けて，特保を取得した飲料がお茶市場にも広がり，また，お茶以外の飲料にも広がっています。その先鞭をつけたのが「ヘルシア緑茶」で，それに追随するように現れたのが「黒烏龍茶」と「カテキン緑茶」です。

この節では，商品のマーケティング・ミックスを競合商品との比較の中で確かめたいと思います。そのためのチェックシートを次頁に用意しました（**図表10-1**）。

このチェックシートの上段にあるA1～A4で「ヘルシア緑茶」の基本的な特徴を書き入れ，次に下段にあるB1～B4までは，競合商品の「黒烏龍茶」およ

《図表10-1》 マーケティング・ミックス・チェックシート

企業目線＼顧客目線	Product Customer Value, Customer Solution	Price Cost	Promotion Communication	Place Convenience
需要対応	A1 ●ターゲットは？ ●商品の特徴は？ ●商品コンセプトは明確か？	A2 ●値ごろ感は？ ：価値≧価格 ●支払方法は妥当か？	A3 ●商品の特徴が伝わっているか？	A4 ●十分な購買機会があるか？ （場所・時間）
競争対応	B1 ●商品差別化（競争相手は誰か？）	B2 ●競争的価格付けは必要か？必要ならどうすべきか？	B3 ●他社商品との差別的な特徴は伝わっているか？	B4 ●競合他社より有利な販売／購買機会を提供しているか？

（出所）　筆者作成

び「カテキン緑茶」と比較した「ヘルシア緑茶」の特徴を書き入れてみてください。

　このチェックシートは，企業の方々も使用しているものなので，しっかりと身に付けましょう。

(1) ヘルシア緑茶の概要

　清涼飲料市場は，年間600種類が新発売される激戦区です。2003年に発売されたヘルシア緑茶は，発売1カ月足らずで緑茶市場のトップに躍り出ました。その仕掛け人が，花王㈱のヘルスケア事業開発部に所属する山野裕二さんです。

　そこで，なにを企画開発すれば良いのか悩む日々が続きましたが，ある日，通勤電車に乗っていた時のことです。「朝，座席に座って，居眠りしていた時

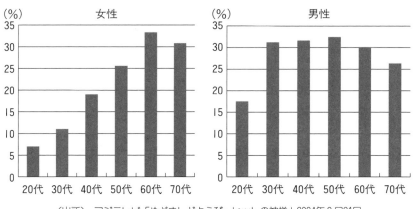

《図表10-2》 肥満者の割合，男女別

(出所) フジテレビ「めざましどようび〜ヒットの神様」2004年2月21日

に，パッと起きると，中高年男性たちが吊革につかまっているのですが，皆さん，お腹が出ているんです。生意気な言い方ですけれども，こういった肥満の方をなんとか救済したいと思ったんです」と山野さんは回想します。

| 女性より
男性が肥満体 | 実際，平成14年度（2002年度）の「国民栄養調査」によると，図表10-2のように男性の肥満のほうが，女性より多いという調査結果があります。

各世代のうち，肥満者の割合が，25％を超えているのは，女性が50代以上に限られるのに対して，男性は30代以降の全世代が肥満だということです。

| カテキンが
体脂肪に効く | 山野さんがいろいろと調べた結果，お茶のカテキン（ポリフェノール）という成分を通常の3倍の高濃度で摂取すると，体脂肪の減少に効果があるということがわかりました。そこで，試作品を作るのですが，苦み成分であるカテキンを3倍濃度で摂ると，苦みも3倍となり，商品としては問題があります。

そこで試行錯誤しながら，カテキンに含まれる苦みの元である不純物を取り除くと，苦みをかなり抑えることを発見しました。依然として苦みは残るので

すが，食品としては及第点を出せると判断したのです。

理屈っぽい男性を説得する

しかしながら，ターゲットである中高年男性にアピールするには，単に「体脂肪に効く」というだけでは，説得力に欠けます。上辺だけの「健康」というキーワードでは見透かされてしまいます。そのような中高年男性に訴えるのに目を付けたのが「特保（トクホ：特定保健用食品）」の取得です。

特保は，その食品には健康の維持や増進に役立つことを消費者庁が認めるものです（ヘルシア緑茶発売時は，厚生労働省の管轄）。この政府によるお墨付きがあれば，理屈にうるさい中高年男性を説得できるはずです。そのため，山野さんは，2年をかけてこの特保マークを取得しました。結果的に，「体脂肪が気になる方に」というキャッチコピーをつけることが可能になりました。

流通経路を考える

次に考えるべきは，どこで販売するかということです。ターゲットは，中高年男性ですから，彼らがよく立ち寄る場所にする必要があります。都会の会社員は，出勤前にコンビニで朝食を買うことが多いことが分かっています。そこで，山野さんは，コンビニに限定して，商品を売り出すことにしました。そして，テレビCMが製作されました。

（CMのナレーション）
「体脂肪が気になる方に誕生，ヘルシア緑茶！　高濃度の茶カテキンが540mg。体脂肪に，ガツン！　ガツン！　ガツンだ！　体脂肪が気になる方に，ヘルシア緑茶。特定保健用食品です。お求めはコンビニで！」（画面は，オフィスでヘルシア緑茶を飲む中年男性）

街頭インタビューでは，以下のような意見が聞かれました。
40代男性：「結構，お腹の方も気になって」
50代男性：「この体脂肪（の気になる方へ）というのがいいね」
40代男性：「特定保健用食品のマークだとか，体脂肪が気になる方とか，分かりやすいと言えばわかりやすい」

《写真10-3》 ヘルシア緑茶ラインナップ（2018年現在）

（写真提供） 花王株式会社

30代男性：「体脂肪を売りにしていますからね」
30代夫婦：「すごく流行っているということは知っていて，2ダース買って飲んでいる」

　ヘルシア緑茶（**写真10-3**）は大ヒットしましたが，発売当初は，都市部限定での発売でした。というのも，地方では，通勤に自動車を使う人が多いため，コンビニには立ち寄らないと考えたからです。しかしながら，都市部でのヒットを聞きつけた地方の方々から，熱いラブコールをたくさん受け，地方でも発売することにしました。

　実際発売してみると，自動車でコンビニに来て，まとめ買いをする人がよく見られました。毎日寄るわけではないでの，まとめ買いをするのです。これは，山野さんにとっては，嬉しい誤算でした。

大量陳列と言葉選び

　最後に，2点ほど，参考になることをつけ加えておきます。
　テレビ広告で大々的に広告宣伝したとしても，コンビニの店頭で見つけにくければ，売れません。そこで，山野さんは，飲料の棚の目立つ場所（目の高さのところ）に大量に陳列しました。また，別のコ

ンビニでは，入り口を入ったところに大量陳列しました。これで，広告宣伝との相乗効果を狙います。

　また，体脂肪に効くということは，ダイエットに良いということですが，商品の説明には「ダイエット」という言葉を使いませんでした。男性にとって，ダイエット ＝ 女性というイメージがあったためです。パッケージを緑色にしたのもそのためです（以上，フジテレビ「めざましどようび〜ヒットの神様」2004年2月21日を参考にしました）。

(2)　黒烏龍茶とカテキン緑茶の概要

　黒烏龍茶もカテキン緑茶も特保商品です。**写真10-4**と**写真10-5**，そして新聞記事（**写真10-6**）を参考にしてください。読者の方は，以上の資料を参考に，マーケティング・ミックス・チェックシートを完成させてみましょう。

　もちろん，各種データベースや各社のホームページ，インターネット上の情報（間違いもあるので要注意！）や店頭観察なども含めて，マーケティング・ミックス・チェックシートを完成させてみましょう。

《写真10-4》　黒烏龍茶ラインナップ（2018年現在）

（写真提供）　サントリー食品インターナショナル株式会社

《写真10-5》 カテキン緑茶ラインナップ（2018年現在）

350ml　　　　　1.05L　　　　　1.5L

（写真提供）　伊藤園

　ちなみに，ヘルシア緑茶は「体脂肪の燃焼を助ける」とあり，黒烏龍茶は「脂肪吸収を抑制する」とありますが，カテキン緑茶は，**写真10-5**を見ると「① 血中コレステロールを減らす，② 脂肪の吸収を抑える」とあります。このあたりが，3つのお茶の特徴差だろうと思います。

　なお，カテキン緑茶は，ヘルシア緑茶や黒烏龍茶と比べると後発組ですが，株式会社ヘルスビジネスマガジン社が主催するキノウ食アワード2018にて「特定保健用食品部門　大賞」を受賞し，2018年3月16日に幕張メッセで開催された，第18回 JAPANドラッグストアショーにて授賞式が行われたとのことです。このような評価が，カテキン緑茶のブランド名を高め，いっそうの販売促進に役立つことでしょう。

　なお，**図表10-3**にあるように，発売された年と価格が異なります。発売時期と価格設定の関係もよく見比べてみましょう。

《写真10-6》「サントリー 黒烏龍茶」

サントリー「黒烏龍茶」

飲むと脂肪吸収を抑制

肥満気にする30—50代 照準

消費 / ヒットの舞台裏

「食事と一緒に飲むと脂肪の吸収が抑制できます」。こんな機能性が受け、売り上げが伸びているのがサントリーのお茶飲料「黒烏龍茶OTPP」。年間販売量は五月の発売当初に見込んでいた二百万ケース(一ケースは三百五十ミリリットルペットボトル二十四本)を大きく上回る五百五十万ケースに達する勢いだ。

一九八一年に発売してロングセラー商品となった「烏龍茶」とは違う消費者層を取り込むため、同社の健康科学研究所は四年前から研究に着手。商品開発は「健康に良いといわれるウーロン茶の、どの成分がどういう効果を発揮するかを解明する」(健康飲料部の矢野弘美氏)ことから始まった。

研究の結果、茶葉を半発酵する過程でできる成分のうち「ウーロン茶重合ポリフェノール」と名付けた成分が、食事で摂取した脂肪の吸収を助ける脂肪分解酵素の働きを阻害することを突き止めた。

新商品にはこの成分が七十ミリグラム入っている。食事とともに一本分の三百五十ミリリットルを飲むと、食後の血中性脂肪の上昇を約二〇%抑制するという。

宣伝では「中性脂肪に告ぐ」「食事の脂肪吸収を抑える」というコピーで具体的な効能を訴えた。主要顧客層は肥満を気にする働き盛りの三十—五十歳代の男性と設定。テレビコマーシャルに加えて、駅などでの交通広告も多用し、こうした中高年層が通勤する際にどこに目に触れやすいように工夫した。

従来のウーロン茶商品はスーパー店頭などで値引き販売されることが多い。だが黒烏龍茶(希望小売価格は税抜きで百六十円)はこうした機能性が評価され、ほとんど値下げせずに販売されているという。

スーパーなどは揚げ物や弁当の売り場近くに大量陳列する販売促進策などを積極的に実施。食事をしながら飲んでもらう商品であることを訴えた。最近では居酒屋など業務用としての引き合いも増えている。

十月からは全体に丸みを帯びた自動販売機用ボトルを投入するなど販路拡大を目指す。

(出所)日本経済新聞(朝刊)2006年9月30日付け記事

《図表10-3》 各種特保茶の価格と発売年

	小売店頭価格	発売時期
ヘルシア緑茶（花王）	160円	2003年
黒烏龍茶（サントリー）	145円	2006年
カテキン緑茶（伊藤園）	148円	2011年

（出所）筆者作成

5 考慮すべき他の要素

　さて，以下で説明するキーワードは，いわば，マーケティング・ミックスを行う場の状況や状態を理解して，それらの状況や状態に応じながら，マーケティング・ミックスの中身を変化させるのに役立ちます。

　詳しくは，拙著『Why（なぜ）を考える！　マーケティングの知恵』（中央経済社，2010年）を参照してください（第5章から第7章）。

(1) 商品ライフサイクル

　商品ライフサイクル（一般的には，製品ライフサイクル）は，商品が生まれて世に出るところから（導入期），成長して（成長期），その後，成熟期に入り，最後は，市場から出て行く（衰退期）という流れ，プロセスを言います。

　市場に出たばかりの導入期なら，原則として，その存在を知らせることが大事ですから，販売促進戦略が重要視されるかもしれません。流通経路がなかったり貧弱であったりすれば，それを開拓したり補強したりする必要があります。

　成長期になれば，競合商品が出現してきますから，商品の改良やさらなる販売促進戦略が必要になるでしょう。

　成熟期であれば，競合商品も含めて差別化が難しくなり，価格競争に陥る可能性が出てきます。価格競争に応じるのか，あるいは，さらなる商品差別化の可能性を探るか考えどころです。

　「ヘルシア緑茶」の場合，お茶市場や飲料市場では，成熟期でしたので，価

格競争になるところでしたが，商品差別化ができたため価格競争には巻き込まれませんでした。このように，商品ライフサイクルの位置によって，マーケティング・ミックスの内容や強調する要素を変えることが必要です。

(2) 成長戦略

　一言で言えば，成長戦略とは，市場にどのように，あるいはどこまで入り込めるかを考える際の思考です。例えば，次の章で分析するように，男性客が多いプロ野球に，家族連れや女性客を呼ぶことができれば，観客動員数は伸びます。市場にまだターゲットになっていない人や地域あるいは時間（期間）があれば，そこに「市場浸透」の可能性があります。

　プロ野球の試合そのものは変わらなくても，家族連れや女性客，子どもが喜びそうなイベントをしたり，ゆったりした座席などを設置したり，女性向けの情報誌に記事を載せたりなどすれば，新しいターゲットが訪れる可能性があります。マーケティング・ミックスで言えば，球場のマイナーチェンジ（商品（製品）戦略）や販売促進戦略の実施です。

　いまの商品に飽きが来ているのであれば，「（新）商品開発」が必要になります。自動車で言えば，フルモデルチェンジや限定車の発売などです。あるいは，国内市場はもう十分開拓し尽くしたのであれば，海外へ販路を開拓する選択肢もあります（「市場開拓」）。その際は，流通経路の開拓や広告宣伝などの販売促進戦略が重要になります。

(3) 製品-事業ポートフォリオ・マネジメント

　マーケティングが適用できるのは製品だけではないので，現在では，「商品-事業ポートフォリオ・マネジメント」と呼ぶほうが，使い勝手が良いと思います。

　それはさておき，この考えは，商品ライフサイクルと連動しています。特に，複数の商品なり事業なりを持っている企業にとっては，必要な思考方法です。この思考方法は，お金の出入りの多さ少なさを軸に，商品や事業の成長具合に応じたお金（資金）の振り分け方を考えます。

　成熟期の商品や事業を持っていれば，出て行くお金よりも入ってくるお金が

多いので(「金のなる木」と呼びます)，そこで余裕ができたお金を，発展途上の商品や事業に回します。

特に，まだ市場に導入したばかりの商品や事業であれば，入ってくるお金が少ない割には，販売促進戦略や流通経路の開拓などにお金がかかるので，ここにお金を投入します。人間で言えば，食欲旺盛の育ち盛りで，専門用語では「問題児」と呼びます。

働き盛りになれば，入ってくるお金も多くなりますが，商品の改良や販売促進などにお金が出て行きますから(「花形」と呼びます)，「問題児」との兼ね合いで，どちらにお金をどれだけ投入するか決定しないといけません。

(4) マーケティング環境とSWOT分析

企業努力では，どうしようもないものがあります。それらが，マーケティング環境です。具体的には，経済・政治や法律・倫理・文化・技術・自然などです。企業の「外部環境」とも言い換えられます。ただ，例えば，雨の日は人出が悪くなりますが，雨の日に限って来店者や購買者には特典があるようにするなど，何らかの対応ができる場合はあります。

この外部環境に，企業の内部環境を加えて，企業の強みと弱みを分析しようとするのが，SWOT分析です。"S"は"Strength"「企業の強み」，"W"は"Weakness"「企業の弱み」，"O"は"Opportunities"「外部環境の機会」，"T"は"Threats"「外部環境からの脅威」を意味します。拙著では説明していませんが，経営学やマーケティング論のテキストにはよく出てくる用語ですので，類書を参考にしてください。

本章を締めくくるに当たって，本書と前著で使用している資料について書いておきます。大学で講義をしていると，古い資料に対して「古いから意味がない」という意見が時々出ます。しかしながら，新しければ良いかというと，最新の情報はすぐに古くなってしまうので，マーケティングの基本を学ぶには役立たなくなることが多いのです。

それに引き換え，月日や年月を経ても使える資料は，それだけ基本が変わらない貴重な資料です。資料は新しいから価値があるのではなく，基本をしっか

り学べるかどうかが大事なのです。

―《考えてみよう》―
Q30　身の回りの商品（モノやサービス）のマーケティング・ミックス・チェックシートを作ってみましょう。

第11章 東北楽天ゴールデンイーグルスの経営戦略

　これまでの章で，マーケティング戦略の立案に必要なキーワードや考え方を学んできました。本章では，もう一歩踏み込みます。これまで学んださまざまな内容が，どのように絡んでいて，どのような流れで考えていけばよいのかを知ることで，単なる知識，「絵に描いた餅」「机上の空論」で終わらせないようにします。

　本章では，近年，その活躍が目覚ましい新興球団の東北楽天ゴールデンイーグルス（**写真11-1**）を取り上げ，その戦略を創設当時から2013年までを中心にたどります。

　東北楽天ゴールデンイーグルスを事例に取る理由は，ビジネス感覚がまったくなかったところに，本格的なビジネスセンスを取り入れているからです。

　実際に，ビジネスを行っている企業であっても，プロの目から見れば，まだまだ足りないという企業が日本では多いと言えます。そのため，ビジネス感覚とはどういうものかの基本を学ぶ上で，貴重な事例だと言えるからです。

　もう1つの理由は，多くの日本人にとって，野球はかなり身近な存在だとい

《写真11-1》　東北楽天ゴールデンイーグルスの球団ロゴ

©Rakuten Eagles

うことです。本書で何回か言及した2009年にヒットした『もしドラ』も，野球が舞台だからこそ売れたのだと思います。その理由からも，本章では，東北楽天ゴールデンイーグルスを取り上げました。

　本書の構成は，まず，東北楽天ゴールデンイーグルスに関する情報を提供します。その上で，その内容を，マーケティング論，経営学，そして，経済学の視点から再構築して検討します。事実の羅列ではただの知識に留まりますが，専門分野からの視点を入れることで，内容の普遍化を図れると思います。

　普遍化とは，1つ，あるいは少ない事例を他の事例にも当てはまるようにすることです。例えば，家電量販店の戦略モデルに見られる論理を，書店の戦略に活かせてこそのビジネスセンスなのです。

　そうすることで，分野が異なっても，皆さんが手がけている，あるいは手がけることになる商品や事業の進め方を学べるでしょう。

1　東北楽天ゴールデンイーグルスの戦略

　東北楽天ゴールデンイーグルス（以下，楽天イーグルス）は，2004年に創設され，パシフィック・リーグ（以下，パリーグ。もう1つのリーグは，セントラル・リーグ，略して，セリーグ）に新規参入したとても新しく歴史の浅い野球球団（以下，球団）です（**写真11-2**）。

　当時の球団社長は，島田亨（とおる）氏で，現在も球団オーナーである三木谷浩史氏（楽天株式会社の創業者で，代表取締役会長兼社長）に抜擢され，就職情報を提供するベンチャー企業から転身しました。新規参入球団で歴史がなかったこと，球団経営の経験がないことなどから，それまでの球界の前例や常識にとらわれないビジネスセンスを活かした経営手腕を期待されての起用でした。

(1) 球場の営業権を獲得

　ビジネスを行う上で重要なことは，自社で扱う商品を，自社で企画し販売することです。すべて他人任せでは，思うような経営戦略やマーケティング戦略を実行できません。もちろん，すべての業務を自社で賄うことは無理なので，

《写真11-2》 東北楽天ゴールデンイーグルス選手集合写真

©Rakuten Eagles

関係企業の協力（取引戦略）が必要ですが，可能な限り自社の意向を反映させることが肝要になります。

　従来の球団経営には，利益を上げて黒字化するという観念はありませんでした。球団がどれだけの赤字を出しても，その赤字分を親会社の広告宣伝費として計上することができたからです。親会社にとっては，球団は自社の広告宣伝媒体ですから，ある程度の出費には目をつむってきたのでした。それに甘えて，球団経営によって収益を黒字化するというビジネス感覚が欠けていました。

球団経営の収益源

　一般的なビジネスであれば，収益の柱をできるだけ自社で持ちたいと考えます。収益源が多くなればなるほど，自社の利益につながるからです。球団経営で言えば，主な商品は試合ですので，チケット販売による収益が主な柱になります。他にも，球団関連のグッズ販売（ユニフォームやキャラクター・グッズなど）からの収益，試合を観戦しながらの飲食からの収益，テレ

ビやラジオの放映権からの収益があります。

　他にも，大事な収益源があります。それは，広告です。実際に球場で試合観戦した方もテレビで試合観戦をした方もわかるように，球場内には多くの広告宣伝用の看板や電光掲示板があります。テレビやラジオでも「〜の提供でお送りします」というように企業の宣伝があります。

　ところが，それまでの球団は，球場を借りていたので，これらの収入源に口を挟むことは，なかなか難しいものがありました。多くの場合，球団は，球団"運営"会社に球場使用権を払って，球場を借りています。

　球場の営業権を持たないので，スポンサー企業からの広告収入は，球団運営会社に入ってしまい，球団には一銭も入って来ません。広告宣伝からの収益は，かなりの割合を占めるのですが，それはすべて他人の収益になるのです。

　図表11-1の円グラフ（2007年度の楽天イーグルスの場合）を見ると一目瞭然なのですが，広告宣伝から得られる収益は全体の4割近くあります。しかしながら，従来の球団の場合，主な収益源は放映権なので，1割ほどしかありません。これでは赤字になるのも当然です。

　この問題を解決するために，2004年，楽天イーグルスの島田亨前社長は，老朽化していた県営宮城球場の改修費用約30億円を負担する代わりに，その営業権と使用権を100％得る作戦に出ました。上記のすべての収益源が，楽天イーグルスのものになるのです。

《図表11-1》　楽天イーグルスの収益源の内訳

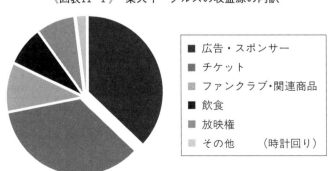

（出所）　週刊・経済羅針盤「楽天野球団」NHK総合，2008年7月27日放映分より

さまざまな広告戦略

島田亨前社長は、「営業権と使用権を100％持つことにより、「黒字を出そうというミッション（使命）を設定して経営すれば、できることもいっぱいある」と言い、「最も力を入れたのは、スポンサーを集めるということだ」と言いました。

目指すのは、球団としての自立した経営です。その一端が広告戦略に表れており、そのため、球場は広告で埋め尽くされています。とことん球場の施設を利用して、スポンサーやファンを喜ばせる仕掛けを施しているのです。

例えば、2005～2006年に実施していた具体策を見てみましょう。

① バックネット裏にはプロ野球球場初のリボンビジョンを導入し広告を流す。
② 試合ごとにスポンサー企業を募り、始球式ができる権利を与える。
③ 球場でモノを売る権利だけではなく、球場を使ってPRできる権利も売る。
　例）チームのロゴマーク入りの商品を作って売る権利。
　例）球場を使ったイベントを行える権利。
④ ごみの分別収集作業にもスポンサーをつける、など。

(2) ターゲットに合わせた各種戦略

ターゲットは"家族"

野球を観に来る観客の一般的なイメージは、どのようなものでしょうか。通常、思い浮かべるのは、仕事帰りの男性客です。しかし、島田亨前社長は、「お父さんが、仕事帰りにちょっと寄って、ビールを飲んで帰るということではなく、"今日、お出かけするなら球場に行ってみない？ 球場で楽しみましょう！"という家族のものにしたい。家族のものになるということは、お母さんの支持が得られなければならない。当然、子どもが行きたいと思わなければ成立しないので、ターゲットは、家族であり女性、子どもである」と話しました。

島田亨前社長は、球場をテーマパークのようにしようと、アメリカの動向も踏まえて、球場の「ボールパーク化」を目指すと言いました（写真11-3）。野

《写真11-3》 ボールパークの風景〜野球場と観覧車

©Rakuten Eagles

球をエンターテイメントの場だと広くとらえようとしたのです。そして，そこで売る最大の商品が「感動」だと定義しました（商品コンセプトの話です）。期待どおりだとただの「満足」，しかし，求めるのは期待以上の「感動」であり，チームが強くなっていくプロセスを一緒に共有（商品コンセプトの「つながり」「共感」「絆」など）することだとも言いました。

これまでに行われた戦略の一部を紹介します。

① 家族連れがゆっくりと野球観戦できるように，観客が少なかったビジター側の内野席を改造してBOX席を設けた。家族連れからは，「見応えがあってすごくいい」「球場の雰囲気がいいので，すごく楽しい」との声が上がる。

② 子ども客に，抽選で場内アナウンスの体験をしてもらう。

③ 各種イベントの開催〜球場の目の前にある敷地内の広場では，子どもも楽しめるイベントやアトラクションを開催する。

ⅰ) 子どもやファンを乗せた模型電車が球場の周りを走る。
ⅱ) 子どもが遊ぶ巨大滑り台。
ⅲ) マスコットが出没する人工の滝。
ⅳ) 複数のステージで魔術師やダンサーがショーを演じる。
ⅴ) 夏には砂浜ビーチやプールが出現。
ⅵ) プロレスのリングが設置され，球団マスコットがプロレスラーに試合を挑む。
ⅶ) 大人が楽しめる「世界のビール祭り」の開催。
ⅷ) グラウンドでテントを張って一夜を過ごす「お泊り会」の開催，など。

　これらのイベントにより，球場に足を運んだ観客からは，「ものすごく楽しい，子どもたちが球場に行きたいと言う」「子どもも喜ぶ，野球よりむしろイベントを喜ぶ」という声も聞かれました。
　島田亨前社長は，「これまで野球界は観客動員数を競ってきた。でも，同じ2万人が入ったとしても，その半数が試合開始後に来るようでは，収益を上げる機会が大きく損なわれる」と言いました。そのため，「ボールパーク」構想は，球場を試合開始前から家族で楽しめる施設にすることで，観客動員数を増加して，その人たちが球場にお金を落としてもらえるようにしました（日経ビジネス「プロ野球再編　球団価値はどこまで下がる」2007年7月16日号，90頁）。

数多い座席の種類　野球の観戦チケットは，原則的に値段が変わりません。それに対し，楽天イーグルスでは2009年から「フレックス・プライス」制を導入しました。そして，2017年からは，観客の需要に合わせて価格を変動させる「価格変動制」を導入しています。
　マーケティングの観点から言えば，観客によって野球の楽しみ方が違うのですから，観客の欲求にしたがってチケット代を変更するのは常識です。コンサートでも複数の座席があります。ましてや，広い球場ですから，観客の関心度や観戦目的によって，「場合分け」するのが当然だと思います。
　実際，当時の副社長の池田敦司氏は，「野球は1球1球の間があるスポーツ。

試合を真剣に楽しみたいという人もいるだろうし，親子やカップルで楽しみたい人，みんなでワイワイガヤガヤ楽しみたいという人もいるはず」と言い，「消費者目線に立ったサービスメニューの多様化」の必要性を強調しました（日本経済新聞「楽天初Ｖ　変えた球団経営-中-チケット・席……消費者目線」2013年9月29日）。たとえば，どんな席があるのでしょうか。

① ファンですぐに埋まってしまうホームチーム側の内野席は，スタンドを増設。
② 観客が少ないビジター側の内野席には，食事をしながら観戦できるガラス張りのレストランを設置。
③ バックネット裏の前方では座席部分を掘り下げ，座った際の目線が地面すれすれの高さにし，迫力あるプレーを満喫できる（年間40万円と高額だが，販売直後に完売～2008年当時）。
④ バックネット裏の観客席を3階建てから5階建てに増築し，最上階に「プレミアムラウンジ」を設けた。空調の効いた空間には，バーカウンターもあり，ソファに座っての観戦もできる。

ファンクラブの充実　観客の興味・関心によって対応を変えるという点では，ファンクラブのあり方も独特です。通常は，多くても大人向けと子ども向けの2種類しかないファンクラブも，楽天イーグルスの場合は，5種類もあります。球団に対する気持ちの深さや内容に合わせて，ファンクラブの中身などを変えるのです。

ファン獲得という意味では，「東北ろっけん（6県）活動」というプロジェクトがあります。官民で支援組織を広げようという活動で，東北の地元に密着した活動を行いファン層の拡大が目的です。2013年には，東北の各県で1軍の公式戦も行い，2017年には東北すべての県で試合日程が組まれました。

(3) スピードが大事

楽天イーグルスが販売している商品のコンセプトは「感動」です。しかしながら，人には，必ず「飽き」が来ます。その「飽き」にどう対応するかは，変

わりゆく消費者欲求に臨機応変に対応することです。

　島田亨前社長は,「毎回新しい発見をしてもらうための努力をものすごいスピードでやらなければならない。それを自分たちの持ち物でないところでやると, いちいち許可を求めたりしてできない。球団などのプロスポーツのビジネスをやるには, 箱 (スタジアム) を自分たちで自由にできるということが肝だ」と語りました。その具体例を, いくつか挙げてみましょう。

カウンターの位置を変更

　島田亨前社長は, 時間があるときは, 極力球場に足を運び, お客の目線でサービスを点検して歩きながら, 常に顧客サービスの向上を目指しています。例えば, ある日のこと, スタンドにある飲み物のカウンターが, 球場側に置かれていて, 観戦の邪魔になっていることを発見しました。そこで, スタッフに声掛けをして, すぐにカウンターの位置を変更させました。そうすることで, 観客はスタンドから観戦できるようになります。

　島田亨前社長は,「例えば, クレームひとつにしても"承りました"で, 改善に1年かかったら, お客は感動も何もない。むしろ忘れているかもしれない。でもお客が言ったことが翌日に直っていたら,"おれの言うことをちゃんと聞いているな"とちょっと感動してくれるはず。"顧客満足"というより"顧客感動"だ」と説明しました (経済最前線「楽天野球団健全経営　アイディアで実現」NHK衛星放送第1, 2008年7月24日)。

　カウンター以外にも, 観客がより野球観戦を楽しめるように, 2015年には球場内の6カ所に「イーグルスデスク」を設置し, 観客に代わってジェット風船を膨らませたり, 試合観戦後の飲食店を紹介したりするなど, さまざまな観客の声に対応できるように準備しています。この施設は, 観客の生の声を吸い上げる絶好のチャンスなので, アルバイトではなく球団職員が対応するほどの念の入れようです。

飲食店の対応

　この臨機応変に対応するという姿勢は, 飲食にも表れています。

　球場には, たくさんの飲食店が出店しています。

楽天イーグルスの本拠地，仙台の名物の１つは牛タン弁当ですが，球場には地元の行列のできる専門店を入れています。過去には，全国で人気上昇中のマーボー丼で知られるチェーン店を入れたこともあります。

　2008年当時の飲食部門の担当者，山縣大介氏は，「新商品をどんどん展開していくのが大原則で，いつ来ても新しい商品があるという状況にしたい。そういうことができるのが，営業権を持っているメリット」だと説明しました。

(4) 選手の育成

　選手の実力を向上させて，試合を強くする方策の１つとして，スター選手を他球団から引っ張ってくるという手段がありますが，これは，資金がない球団には難しい課題です。スター選手に頼ったメンバー構成であれば，いくら資金があっても足りません。そこで若い内からチームの戦力になるような人材を育てていこうとしています。自前で若手選手を育成していくという方針です。

　その端的な例が，2006年に約９億円かけた２軍の練習場の整備です。グラウンドは，１軍球場とまったくそっくりに作られており，例えば，ホームベースからレフトフェンスまでの距離は，101.5m（333フィート）に設定しています。また，ホームベース付近の土も同じ素材を使い，さらに，球場の方角も１軍球場とまったく一緒です。そのために，２軍の選手が１軍でプレーしても，まったく戸惑うことなく試合ができると言います。

　以上のような努力の結果，楽天イーグルスは，その創設１年目から黒字を叩き出しています。パリーグでの順位は，最初は芳しいとは言えなかったのですが，球団"運営"であれば，試合の勝ち負けが問題になるのでしょう。

　けれども，球団"経営"の視点からすれば，勝敗絶対主義ではなく，利益を上げることが第一ですから，島田亨前社長の思惑は，見事，成果を上げたと言えます。その後のチームの成績は，**図表11-2** のようになりました。

　楽天イーグルスのビジネス・モデルが注目に値するのは，球団の勝敗に関係なく，「感動」という商品コンセプトによって，観客動員数を増加させ，その観客動員数に刺激されたスポンサーが，広告宣伝費を楽天イーグルスに使ったという事実です。

　楽天イーグルスは，2012年に，立花陽三氏を新社長に就任させました。立花

《図表11-2》 楽天イーグルスのこれまでの成績

年度	順位	勝利	敗北	引分	勝率
2005	6	38	97	1	.281
2006	6	47	85	4	.356
2007	4	67	75	2	.472
2008	5	65	76	3	.461
2009	2	77	66	1	.538
2010	6	62	79	3	.440
2011	5	66	71	7	.482
2012	4	67	67	10	.500
2013	1	82	59	3	.582

(出所) 日本野球機構〜日経プラス(BS-JAPAN)2014年1月23日放映分より

　氏は，2013年の球団リーグ優勝・日本一は，それまでの改革の積み重ねだったと話しています。ただ，危険なのは，これに目が奪われてしまい，やはり球団は勝たないといけないよね，と経営の路線変更をしてしまうことです。
　あくまで大事なのは，観客の満足と感動なのです。楽天イーグルスの黒字経営は，勝敗の順位には関係ないということでしょう。もちろん，優勝すれば，ファンは喜び，また，新しいファンも増えることでしょう。でも，それは，副次的なものであり，ビジネスの核ではないと心すべきです。
　ちなみに，立花新社長の行った6つの改革をご紹介しましょう。

① 徹底したデータ分析〜チームの弱点を洗い出し，的確な戦力補強を行った。
② 戦略室の設置〜監督は毎日毎月のことを考えるが，その一方で，3〜10年後の長期的な視点を入れていく。
③ 食堂〜ユニフォーム組（選手）と背広組（職員）の交流場所。両者のコミュニケーション・ギャップをなくし，球団一体となって動くため。
④ ファン・リレーション室〜ファンと選手の距離が遠いという声に応えて，

両者の距離を縮める仕組みづくり。例えば，ファンが選手のサインが欲しいといっても，営業マンから上司に相談が行き，その上司から他部署の部長へ相談し，最後にマネージャーに声が届くようではいけない。タイムラグを解消する組織づくりが肝要。

⑤　観客席を4,800席増設。

（以上，日経プラス〔BS-JAPAN〕2014年1月23日放映分より）

なお，楽天イーグルスのビジネス・モデルは，他球団およびリーグ全体にも波及しており，例えば，パシフィック・リーグ・マネジメントは，パリーグ全体での視点で活動することを目的に，顧客目線の経営戦略を提案しています。

現在は，このビジネス・モデルを導入すること自体が，他球団との差別化につながっていますが，今後，このビジネス・モデルを他球団も見習っていくようになれば，経営戦略とマーケティング戦略は，次の次元にバージョンアップされる必要が出てきます。一度成功したからと安心してはいられません（以上，経済最前線「楽天野球団健全経営　アイディアで実現」NHK衛星第一，2008年7月24日／週刊・経済羅針盤「楽天野球団」NHK総合，2008年7月27日などを参考にしました）。

2　学問的視点からの普遍化

楽天イーグルスの成功事例を見て，同じ野球界であれば，このビジネス・モデルを参考にして，自球団に取り入れることはできます。

ところが，他のビジネス関係者の場合，業種や業態が異なれば，「ああ，楽天イーグルスね，うまいことやったね」と感心しさえすれ，そこから何かを参考にしようとは思わないのが普通の反応でしょう。でも，それでは，貴重な情報を見逃してしまうことになります。普遍化ができれば，他の業種や業態に応用できるのです。

そこで，皆さんに訓練していただきたいのは，次の2点です。1つ目は，マーケティング論・経営学・経済学の専門の視点から見て，入手した情報が何のことかを判断する。2つ目は，自社の商品や事業へ応用できないか考えてみる。

それでは,やってみましょう。

(1) 経営学と経済学の視点

　自社の商品や事業から最大の利益を上げようと思えば,収益源を最大限に確保して,そこから最大の収益を効率よく獲得しなければなりません。それを行うためには,すべてを自社のコントロール(以下「管理」で統一)下に置くか,少なくとも管理の範囲をできるだけ大きく持つことです。すべての仕事を自社ですべて賄うことは不可能ですが,できるだけ管理することが肝心です。

　一般的な経営学では,経営の管理下に置けるのは,経営資源(ヒト・モノ・カネ)です。もし,これらがすべて借り物であれば,自社に都合の良いように管理することはできません。すべて他人任せになってしまい,自社の裁量と力量で利益を上げることは叶いません。

　その失敗例の1つが,凋落傾向にある百貨店です。百貨店には,さまざまなブティックや店などが入っていますが,極端な言い方をすれば,百貨店は,単なる「場所貸し業」になっています。各店舗は経営戦略を立てますが,百貨店全体としての戦略は立てることが難しいのが現状です。

　通常の球団では,自由になるのは,自球団が持っている選手と監督,それから球団スタッフたちくらいです。あとは,テレビやラジオの放映権や球団関連グッズくらいでしょうか。広告収入源であるスポンサー獲得は,球場運営会社に任せっきりで,また,多様な観客に対応しようとしても,観戦チケットの販売戦略さえ球団は立てることができません。

　そこで,楽天イーグルスが取った戦略は,すべての経営資源を管理下に置けるように,球場の営業権と使用権を手に入れることでした。

経営資源獲得の経済学的意味　経済学では,手元にある資源(ここでは経営資源)をどう効率的に配分するかという問題と,その配分された資源(経営資源)によって得られた富(ここでは収益あるいは利益)をどう分配するかという問題を扱います。

　まず,経営資源の効率的な配分について考えてみましょう。最初の経営資源である「ヒト」ですが,これには,球団の選手や監督,球団スタッフのことで

す。これらは，管理下に置けます。

　次の経営資源は「モノ」ですが，これは球場（スタジアム）のことです。「モノ」である球場を所有しなければ，スポンサーからの広告収入やチケット販売から得られる収入のすべて，観客席の増床による収入や飲食から得られる収入もありません。収益を生み出す最大の収入源である「モノ」を自由に動かせなければ，球団"経営"とは言い難いでしょう。

　最後の「カネ」ですが，必要な部分に必要な投資を行えるという意味で，管理下にあるといってもよいでしょう。球場の営業権や使用権の獲得，他球団からのスター選手の引き抜き，さまざまな営業活動への投資，ボールパークとしての催し物の開催，飲食店の出店計画などに，迅速な意思決定で資金を回せるので，生きた「カネ」になっています。

　球団の活動から得られた富，すなわち，収益は，拡大再生産などのために，再び経営資源に還元されますが，通常の球団では，「モノ」（球場などの箱もの）には還元できませんから，富を効果的に投資しようと思っても，その投資先が限られているので，次の大きな収益は望めません。なんとかして，チケット収入を増加させようと思うと，試合に勝ってファンを喜ばせないといけません。ですが，それでは，球団"運営"であり，球団"経営"とは言えません。

　もし，「モノ」である球場などを自由に使うことができれば，収益源が増えるでしょう。その増えた「カネ」を原資にして「ヒト・モノ」にも投資できます。実際，楽天イーグルスの黒字経営が増えた結果，それまでは資金がなくてできなかったスター選手を高い年俸で雇うこともできました。「ヒト」への投資です。

　そのことがあるため，楽天イーグルスは，「モノ」である球場の営業権と使用権を手に入れたのでした。

【教訓】

　自社の経営資源は，どこまで管理下に置くことができているかを確認！
　（ただし，管理費に多大な費用（コスト）がかかり，収益を圧迫するようであれば，外注する方法を考える必要があります。費用対効果（コスト・パフォーマンス）を考えましょう）

経営戦略的視点

楽天イーグルスには，複数の収入源があります。試合（チケット），スポンサー，ファンクラブ，関連グッズ，飲食，放映権などです。これらは，球団の商品ともいえますし，球団の事業とも言えます。

これらすべてに全経営資源を投入して，最大限の富＝収益を上げるわけですが，ヒト・モノ・カネは無制限に使えるはずもなく限界があります。そのために使われる思考方法が，マーケティング・ミックスの章で紹介した「商品-事業ポートフォリオ・マネジメント」と呼ばれるものです。

商品-事業ポートフォリオ・マネジメントは，経営資源の１つである「カネ」の流れに注目した思考ですが，「ヒト」や「モノ」を動かすにも「カネ」が必要であると考えられるので，「カネ」の流れを見ています。経営資源をどこにどれだけ投入するべきかを見る思考方法と考えてください。

楽天イーグルスの場合は，「モノ」である球場に多くの投資を行えた結果，最大の収益源の１つであるスポンサーの獲得や「ボールパーク」構想も実現できるようになりました。

【教訓】
自社の複数の商品や事業に，経営資源は適切に配分されていますか。

(2) マーケティング論の視点

マーケティングで最も重要なキーワードと言えば，「顧客創造」とそれを実現させるための手段「マーケティング・ミックス」の２つでした。そして，マーケティング・ミックスの内容は，商品や事業が置かれたさまざまな状況によって決定されると説明しました。ここでも，同様に考えていきたいと思います。

商品ライフサイクル

野球界自体は，1950年代から2017年までの観客動員数を見ると，右肩上がりの増加傾向にあるので，まだまだ伸びると考えれば，引き続き成長期だと考えることができます（図表11-3）。

《図表11-3》 パシフィック・リーグの観客動員数の推移（単位：万人）

（出所） http://npb.jp/statistics/attendance_yearly_cl.pdf をもとに筆者が作成

　加えて，プロ野球の黒字経営の球団も少なくないとも報道されています。その最大の理由の1つは，やはり，楽天イーグルスの成功でしょう。彼らの経営手法を取り入れた球団も少なくなく，プロ野球界全体の底上げができているのかもしれません。

　この表を見て，プロ野球という産業自体は成長期を保っていると考えられます。成長期に求められるのは，一般的な話しですが，商品の改良による魅力の向上，販売促進による広告宣伝活動の推進などです。

　楽天イーグルスは，日本の長い野球史の中では，もっとも若い球団です。その点で言えば，球団単体で見れば，商品ライフサイクル上では，導入期に当たります。球団の商品コンセプトを固め，かつ，人々への認知度を上げなければなりません。その意味で言えば，マーケティング・ミックスの中でも，商品（Product）と販売促進（Promotion）に力を入れるべきでしょう。

　ここで問題になるのは，楽天イーグルスには競争相手がいるということです。パリーグに限って言えば，楽天イーグルスを除いて5球団，セリーグには6球団います。試合は，パリーグ同士の戦いですが，プロ野球ファンはセリーグにもいると考えると，競争相手は，全部で11球団です。観客を増やすには，他球

団からファンを奪い取るしかないのでしょうか？

成長戦略

成長戦略には，すでに見て来たように，「市場浸透」「商品開発」「市場開拓」「多角化」があります。まず，球団が，野球とは別の事業を始めることはないとすれば，「多角化」はありません。もちろん，オーナーである楽天から見れば，球団経営は親会社の多角化の1つですが，ここではそこまでは触れません。

また，日本の野球ファンだけではなく，世界の（主にアメリカの）野球ファン（アメリカで言えば，大リーグ・ファン）に来日してもらったり，海外での野球中継なども考えられ，はたまた，海外へ遠征して現地で野球をしたりすることも，可能性としてはあります。しかしながら，日本国内にはまだまだ観客動員数を上げる可能性が残っているのですから，大規模投資をしてまで「市場開拓」する必要はありません。

そして残るのは，「市場浸透」と「商品（製品）開発」です。「市場浸透」を考える場合，今いる観客（顧客）に何度も試合観戦に来てもらう，つまり，リピーターの確保が考えられます。と同時に，日本国内でまだ野球観戦に来たことがない人がいれば，その人たちをどのように球場に足を運んでもらえるか考える必要があります。楽天イーグルスの場合，従来の仕事帰りの男性客に加えて，家族客もターゲットにする戦略がそうでした。

【教訓】

延べ来客数を増やすには，リピート客を増やすことと，未だ球場に足を運んだことのない潜在客がいないかを考えましょう。そして，その人たちをどのようにして呼べば良いのか考えましょう。

野球ファンの場合，これまで野球に興味がなかった家族客，特に女性や子どもを球場に呼ぶには，なにかこれまでと違った仕掛けが必要です。そこで考え出したのが，球場のテーマパーク化，「ボールパーク」構想でした。この新しい仕掛けが「商品（製品）開発」に当たります。

【教訓】
　従来の顧客以外の潜在客を引き付けるには，新商品を開発する必要があります。また，既存顧客も新商品によっては，再度，欲求が刺激されることもあります。

　楽天イーグルスの場合，リピート客を増加させるために「市場浸透」を行うと共に，これまでターゲットになっていなかった潜在客を呼ぶための新しい商品の開発が求められたと言えるでしょう。
　そして，観客を呼ぶための商品コンセプトを「試合に勝つ」ことに集中するのではなく，「感動」を与えることだと定義しました。このような成長戦略の中で，次は，詳細なマーケティング・ミックスを考えることになります。

S・T・P

　マーケティング戦略には，S・T・Pという手順があり，具体的な戦略を考える上で参考になります。"S" は "Segmentation（セグメンテーション）"「市場細分化」，"T" は "Targeting（ターゲティング）"「ターゲットの決定」，最後の "P" は "Positioning（ポジショニング）"「他商品の中での自社の商品の位置づけ」です。この順序で，どの市場をどう攻めていくかを決定していきます（詳しくは，石井淳蔵・廣田章光編著『１からのマーケティング（第３版）』碩学舎，2009年を参照のこと）。
　すでに見たように，市場には老若男女がいますし，興味や関心の度合いも違い，また，試合観戦に支払ってもよいというチケット代金もさまざまです。市場細分化（Segmentation）するといろいろと分けることができます。例えば，男女別に年齢別を加えて分ける方法もありますし，コアなファンからライトなファンまでをいくつかに分ける方法もあります。
　次のターゲティング（「ターゲットの決定」）ですが，これまでのプロ野球がその細分化された市場でターゲットにしてきたのは，主に仕事帰りの男性客でした。そのターゲットから外れている家族客（女性や子ども）もターゲットにしたのが，楽天イーグルスです。ターゲットの範囲を広げたと言えます。
　そして，他球団と比べて，どのような特徴を出して違いを出すかという問題

が，"Positioning"です。そこで登場するのが，マーケティング・ミックスです。楽天イーグルスの場合は，野球（場）のエンターテイメント化でした。どの球団もまだやったことのない仕掛けや仕組みを導入して，商品差別化を図りました。

―【教訓】―
　Ｓ・Ｔ・Ｐの手順を確認してください。

マーケティング・ミックス

　まず，商品・顧客価値（Product／Customer Value）です。楽天イーグルスが観客に売っているのは「試合」と「球場」の2つを通した「感動」（商品コンセプトおよび顧客価値）です。言い換えれば，「感動」を「試合」と「球場（設備）」を通じて提供することです。

　同じ試合であっても，観客が求める内容や程度が異なります。そのため，観客席を多種類用意し，興味や関心の中身や程度によってチケットの席と価格を変化させます。その種類はかなりの数に及んでいます。

　楽天イーグルスが売っている商品は，試合だけではありません。試合前のイベントやアトラクションです。家族客が球場に行って，全員が試合の1日を思う存分楽しめるようにする，それがもう1つの商品です。

　商品にはまだあります。試合観戦中などに飲んだり食べたりする飲食です。季節などに応じて店揃えや品揃えを変えていくことで，いつ来ても新しい「発見」（「感動」「興奮」「驚き」などの商品コンセプト）があるようにします。

　加えて，関連グッズの売り上げも大事です。ユニフォームや帽子，マスコット，タオル，バットなども球団の売上げに貢献しています。

―【教訓】―
　① 商品コンセプトや顧客価値は明確ですか。
　② ターゲットを絞るか，または複数のターゲットを狙っていますか。
　③ ターゲットごとに合った商品群を提供していますか。

　商品の次は，「価格・コスト（Price／Cost）」です。一般的には，商品価値

≦商品価格でなければいけませんが，楽天イーグルスの事例から学べるのは，顧客の関心の内容や程度によって商品を複数用意するのであれば，価格も複数用意するべきだということです。言い方を変えれば，場合分けができているかどうかです。もし，一律の価格で売っているのであれば，商品内容を検討して，複数の価格帯で売るという戦略も可能です。

よく混同されるのですが，消費者目線から見た「コスト」の項目は，商品を入手するために必要な費用のことで，ここでは，試合観戦に必要な交通費などを指します。商品の製造や流通に要する費用ではないので気を付けてください。

──【教訓】──
① 値頃感はありますか。商品価値≧商品価格になっていますか。
② 複数の価格帯を用意する必要性はありますか。

3つ目のマーケティング・ミックスは，「販売促進・意思疎通（Promotion／Communication）」です。これには，さまざまな内容が含まれますが，もっともポピュラーなのは，広告宣伝と広報です。

楽天イーグルスの場合，テレビCMを放送しています。新聞やテレビのニュースで試合結果が取り上げられることも多いので，自ずと広報されています。野球専門誌もありますから，それらに向けて話題を送るのも手です。

他にも，ファンクラブを通じた選手とファンの交流もありますし，「商品」のところで取り上げた関連グッズも，販売促進に入れることもできます。ホームページの充実も逃せない重要なポイントです。

学生に教えていて，よく勘違いされることがあるのですが，球場内では，スポンサーの広告宣伝が行われています。これも販売促進だという学生がいるのですが，これは，スポンサー企業の広告宣伝であり，楽天イーグルスの広告宣伝ではないので，この2つは別物です。

──【教訓】──
自社商品や自社事業を知ってもらう活動はしていますか。自社と顧客の距離は近いですか。

最後は，「流通経路・利便性（Place／Convenience）」ですが，これは，

商品の購買機会の容易さの問題です。具体的に言うと，楽天イーグルスの場合は，球場へのアクセスの問題です。鉄道の各駅からは徒歩で行けるほど近いですし，駅からはシャトルバスも運行しています。自動車用の駐車場もあります。その意味では，利便性は高いと言えるでしょう。

また，球場に足を運べないファンは，テレビなどで観戦しなければいけませんが，お目当てのゲームがいつも放送されるとは限りません。この問題の解消に役立っているのが，パリーグ6球団が共同出資して設立したパシフィック・リーグマーケティング（PLM）です。

PLMが行っているパソコン，スマートフォン向け映像配信サービス「パ・リーグTV」，また，楽天株式会社が行っている「RakutenTV」でも，ファンはパリーグのすべての試合を中継で観ることができます。

---【教訓】---
顧客の購買機会（場所や営業時間）は，十分にあるでしょうか。

以上，楽天イーグルスの経営戦略を，経済学・経営学・マーケティング論の視点から整理し再構築してみました。これらの視点は，どのビジネスにも共通の視点ですから，今後，さまざまなビジネス・モデルや成功例を新聞や雑誌，テレビなどで，あるいは，現場の方から聞いたり読んだりした時は，是非とも，これらの視点から自社の商品や事業に応用していただきたいと思います。

《考えてみよう》

Q31 興味のある商品（モノやサービス）や企業の経営戦略とマーケティング戦略を分析してみてください。さまざまな新聞雑誌記事やテレビ番組で紹介されたもの，各種データベース，実際に店頭へ行って観察したことなどを総合して考えてみましょう。論文1本分くらいの量になると思いますが，頑張ってみましょう。

第12章 さまざまな企業戦略

　本章では，前章で学んだことを，他の事例を見ながら確認していきたいと思います。あらゆる企業や組織が参考になります。

　もちろん，模範となるモデルもあれば，反面教師になるモデルもあります。上手にやっている企業もあれば，何もやっていない企業，やってはいけないことをやっている企業もありますが，顧客に商品を提供している企業や組織はすべて考察対象です。また，営利目的の企業や組織だけではなく非営利の企業や組織なども参考になりますし，それらに適用・応用も可能です。

1 横浜ベイスターズの戦略

　楽天イーグルスには，実は先駆者がいました。1990年代半ばの横浜ベイスターズです（現在は，横浜DeNAベイスターズと名称変更されています）。

　当時の横浜ベイスターズは，負け癖が付き成績不振に喘いでいた上に，1992年（平成4年）をピークに観客減少に歯止めがきかない状態でした。

　そこに危機感を抱いた親会社の水産会社マルハから，経営戦略担当課長である大下力（つとむ）さんが，球団フロントの中枢に送り込まれました。球団選手の練習方法から営業戦略の大幅な見直しをして，長期的な戦略立案をするためです。日本では，日本の野球界では，初めてのポストでした。

　アメリカの大学院で，経営学修士号（MBA）を取得した大下さんは，「これまでの日本では，プロ野球をビジネスとしてとらえることがありませんでした。すべて勝ち負けの世界で語られているので，そこにスポーツビジネスの視点を導入してみたかったのです，しかも，大規模投資を行わずに」と言いました。

(1) ファン不在のプロ野球経営

プロ野球に「経営」という観念がなかったのには，3つの原因があります。

法的保護

1954年（昭和29年）に国税庁から「親会社が，球団の当該事業年度において生じた欠損金を補てんするために支出した金銭は，特に弊害のない限り，『広告費の性質を有するもの』として取り扱うものとすること（一部省略）」とするという通達がありました。

大下さんは，「この通達によって，球団が倒産する危険性が少なくなった一方で，親会社への依存体質が強まった」と言いました。頑張っても頑張らなくても，成績が上がっても上がらなくても倒産の危険がないと，多くの人や企業は努力を怠るようになります。その典型的な例です。

超人気球団，巨人の存在

横浜ベイスターズの試合で売りに出された前売り券と当日券のおよそ40％が，巨人との試合で占められていました。当然，超人気の巨人の試合を観るために観客は集まります。横浜ベイスターズの魅力がそれほど大きくなくとも，巨人の試合を観に来る観客からの興行収入があれば，球団の収入がある程度保証されていたようなものです。危機感がなくなるのも当然でしょう。

限られた競争

プロスポーツの盛んなアメリカでは，4大スポーツがひしめき合っています。大リーグだけでも，およそ30球団が凌ぎを削り，他にも，フットボールやバスケットボール，アイスホッケーがあり，激しい観客争奪戦が行われています。

そこでは，年間観客動員数が200～250万人が，球団"経営"の損益分岐点とされています。勝ち負けだけでは，経営は成り立たず，それだけ，野球をビジネスとして考える感覚が強いのです。これに対して日本の野球界は，球団数がセ・パ両リーグで12球団に制限され，新規参入する球団もありません。

以上の3つの原因によって，倒産する心配のない球団には「経営」という発想が育たなかったのです。ところが，日本でも，Jリーグの人気が沸騰し，特に，横浜のある神奈川県内には4チームがあり，少年ファンを中心に野球離れが加速しました。また，日本選手が大リーグで活躍するようになったため，競争環境が厳しくなり，ここに来て初めて野球をビジネスとしてとらえ直さなければならない状況になってきました。

そこで，大下さんは，まず，野球ビジネスにおける商品コンセプトづくりを手掛けました。彼は，観客の野球への関心のレベルも動機もさまざまだが，共通して言えるのは，「束の間の非日常体験」「感動」「興奮」「夢」を求めに来ていると言いました。観客は「感動」という商品を買いに来ているというのです。

その感動野球を実現するために行ったのが，フロント主導の強化戦略と選手の査定の見直しでした。

(2) フロント主導の強化戦略

この戦略には，3つの内容が含まれます。

1つは，長期的なビジョンの下で選手育成を強化することです。大下さんは，「チーム作りの方針とは，商品の基本的コンセプトを設定することです。フロントではなくスタッフ主導では，一貫性のあるチーム作りや選手育成はできません。試合の勝敗を受けてスタッフが目まぐるしく変わると，結果的に選手が振り回されて，チームの成績低迷につながってしまいます」と言いました。そこで，当時の近藤昭仁監督の留任を決定しました。

もう1つは，管理野球からの脱却です。選手の自主性を伸ばすために，個人練習を重視し，選手の個性や特性に合わせた訓練を行えるようにしました。

3つ目は，科学的な筋力トレーニングの強化です。ケガを防ぐ意味もありますが，大下さんの推し進める「感動野球」を実現するには，パワーとスピードに溢れるプレーが必須だからです。

(3) 選手の査定の見直し

「感動を呼ぶ試合は，選手の勝利へのあくなき執念を見せることです」と，大下さんは言いました。そのために，4つの査定内容を決定しました。

例えば，野球のプレーを細かく分析し，項目ごとに評価するという方法です。具体的には，単打・二塁打・三塁打・本塁打（ホームラン）・四死球・打点など，加えて，先制打・同点打・逆転打・駄目押し打・反撃打・追加点打も記録し，さらに，ファインプレー・好返送球・好バックアップ・タッチプレー・盗塁・エキサイティングプレーなどに分け，それぞれを点数化しました。

このような思考は，非常に欧米的な思考で，実践的です。「感動」という曖昧な感情を，具体的で計測可能な項目に分解し，それぞれを組み合わせていくという考え方です。これに関しては，拙著『Why（なぜ）を考える！　マーケティングの知恵』の第8章，「感覚表現の計量化」の項で説明しています。

査定項目の見直しの2つ目ですが，危険を恐れずボールに飛び込むプレーや，次の塁を狙う積極的な走塁など，ファンが喜ぶハッスルプレーは，その結果のいかんにかかわらず評価することにしました。失敗して減点されてしまっては，頑張ることができないからです。

3つ目は，試合に勝てば，選手たちの評価を一律2割アップすることにもしました。これによって，個人プレーに走ることなく，チームとして協力し合って，勝利への執念を見せることを目指します。

最後は，ファンサービスも評価項目に入れました。ファンあっての試合ですから，ファンをどうやって喜ばせようかと選手に考えさせ実行させるのが重要になるからです。

(4) 需要戦略

いかに観客を増やすか，それは，試合以外の場所でも行われています。

観客アンケート

一般の企業では当然のこととして行われている市場調査も，プロ野球では行われてきませんでした。どのような観客がどのような気持ちで球場に足を運び観戦しているかも分からずに集客戦略を立てても意味がありません。そこで，観客アンケートを実施し，その統計分析結果を戦略立案の資料にしました。

市場浸透

横浜には，年間約3,000万人の観光客が訪れます。この観光客を試合の観戦に呼び込めないかと，大下さんは考えました。彼は言いました，「家族で野球観戦を計画しても，家族の中にあまり野球に興味のない人がいれば，計画は実現しません。でも，雰囲気を楽しめる球場であれば，計画の実現性は高くなります。いったん球場に足を運んでゲームを観戦すれば，野球の魅力を発見するかも知れません。雰囲気づくりの努力が新たな観客獲得につながるはずです」と。そのため，球場のイメージアップにも力を入れています。

関連グッズ

球団のキャラクター商品も重要な収益源です。そのため，商品の種類やデザインを全面的に見直しました。気を付けたいのは，多くの場合，人は飽きるということです。そのために，関連グッズの見直しは，適宜必要となります。

広告戦略

男性中心だった観客に女性ファンを呼び込むため，横浜市内で販売されているOL向け生活情報雑誌に，若い選手を中心にした特集記事を載せ，読者対象のファンクラブを作りました。会員には，いろいろな特典が用意されています。

以上のような努力の結果，試合も逆転勝ちが多くなり，観客動員数は増えてきました。大下さんの「感動野球」戦略が実ったのです。観客からは，「面白いです！ 最高です！ 皆で優勝しなければという気持ちが湧き出ている！」「最高！ イェーイ！ 速い，佐々木のボール！ また絶対来ます！」などの声が上がっています（以上，NHK総合で1996年に放送された番組の特集コーナー「経済フォーカスイン」を参考にしました）。

> ☑ してみましょう
>
> 　さて，以上の情報から，何が読み取れるでしょうか。なお，この順番でチェックしなければならないわけではありません。自分のわかるどの部分

から始めても構いません。要は，チェックしなければならないポイントを細大漏らさずチェックすることです。まずは，気楽に考えてみましょう。

① 商品ライフサイクル上ではどのような位置にありましたか？
② その位置では，どんな方向へ進む選択肢がありましたか？
③ その進行方向では，どのような成長戦略の可能性が考えられましたか？
④ 球団の経営資源のうち，手がけられるのは，どの部分でしたか？
⑤ その部分は，商品−事業ポートフォリオでは，どの部分に当たりましたか？
⑥ S・T・Pはどうでしょうか？
⑦ 商品コンセプトはどうなりましたか？
⑧ マーケティング・ミックス（4P＆4C）はどうなりましたか？
⑨ どのような顧客創造を行いましたか？

2 花畑牧場の戦略

　花畑牧場は，タレントの田中義剛（よしたけ）氏が北海道中札内村（なかさつないむら）で経営する農産品企業です。通常の農家と異なり，自分たちで作った農産品を自分で加工して自分で販売する第6次産業です。
　第6次産業というのは，農業（第1次産業）×加工（第2次産業）×流通と販売（第3次産業）のすべてを自分で行うからです（1×2×3＝6）。
　花畑牧場は，「生キャラメル」の大ヒットで名前が知られるようになりました（**写真12-1**）。新千歳空港のお土産売上ランキングで，1位の定番「白い恋人」（石屋製菓）に次ぐ2位に位置しています（JALUX調べ，2008年2月）。ちなみに，3位はマルセイバターサンド（六花亭），4位がカルビーじゃがぽっくる（カルビー）となっています。
　花畑牧場の生キャラメルは，大量生産ではなく，すべて手作りです。新鮮な牛乳に蜂蜜やバターを加え，丹念にかき混ぜて煮詰めていきます。1つの鍋からは，45分間煮詰めて約40個分しか作れません。ですから1日で最大1万8,000

第12章　さまざまな企業戦略　◆ 213

《写真12-1》　モンドセレクション金賞受賞の生キャラメル

（写真提供）　花畑牧場ホームページより

箱の生産量になります。1箱12個入りで875円（税込，2018年現在）です。キャラメルだけに限っても，飛ぶように売れていくといわれます。

　花畑牧場の商品は，一般の農家のように農協やホクレン農業協同組合連合会を通しません。それは「農家は作物を作っても農協に卸したら後は知らない。楽ですが，誰にいくらで売られているのか，過剰なのか品薄なのか分からない」と田中氏は言い，他人任せの怖さを指摘します。加えて，「売れ残りが怖いので，農協やホクレンの言うとおりにする農家が多い」ことを指摘し，その営業方針に振り回されるのが嫌だと言いました。

　ここで思い出したいのは，東北楽天ゴールデンイーグルスが球場の営業権と使用権を取得して，経営資源の多くを自己の管理下に置いた戦略です。花畑牧場も同様に，商品の生産から価格付け，販売促進から流通経路まで，できるだけ自分たちの目が行き届き管理できるような仕組みを作っています。

　また，田中氏は，「人件費や製造工程での20％程度のロスを考慮すると，利益を残すには少なく作って高く売るしかない。たくさん作って安く売る道は，初めから念頭にありません」と言い，「自信のあるものを作って自分で売ると腹を決めればいい」「たくさん作ることを1回やめるんです。自分が売りたい分だけ作って，自分で売値を決める」「自分で作って，自分で管理して，自分の価格で売るからこそ利益率15％，今は20％を目指しています」と，経営資源を管理できる範囲と規模を絞ることの大切さを説きます。

(1) 商品戦略と販売経路戦略

　品質管理は徹底しています。生キャラメルは，1つの銅鍋に1人ずつ付いて作りますが，40分間ひたすらかき混ぜていくので，結構な重労働です。しかも，わずか1mm以下のほとんど目に付かないようなわずかな焦げ目でも味が焦げ臭くなるため，すぐに廃棄処分になります。

　田中義剛氏の販売戦略は，一般的な方針と異なり，販売経路を絞り込みます。その理由は，販売ルートを絞り込むことで行列を作り話題性を高め，ブランド感を高めるという手法です（「スノッブ効果」を狙っています）。田中氏は，「普通のところで，850円の生キャラメルが売れるとは思わない。やはり，売れるステージというものがある」と言いました。品薄感を演出することで希少性を高

め，購買意欲を高める手法を取り入れているのです。

(2) 最初はカチョカヴァロのヒット

　実は，花畑牧場の最初のヒット商品は生キャラメルではありません。花畑牧場の看板商品であるカチョカヴァロというチーズが最初のヒット商品です（**写真12-2**）。2018年現在，1個180gが税込で1,070円です。

　作り方は，できたてのモッツアレラチーズをやわらかく練り込み，手でちぎって丸めて形を整えた後，ひもで縛って2週間熟成させます。食べ方は，好みの厚さにスライスしてオーブンなどで焼いて食べるのがお勧めです。

　いま，2つのヒット商品を紹介しましたが，花畑牧場は最初から成功していたわけではありません。創業して最初の10年間は赤字続きで，最高4億円の赤字だったそうです。一般的に，起業する際，最初から黒字になることはあまりありません。初期投資が必要ですから，最初の数年間は借入金などが売上げを超過します。

《写真12-2》　花畑牧場のカチョカヴァロ

（写真提供）　花畑牧場ホームページより

その花畑牧場の苦しい時期を救ったのが，カチョカヴァロでした。きっかけは，景気低迷で牛乳の大量廃棄が行われたことでした。田中氏は，それを見て，捨てるのはもったいないなあと思ったそうです。そして，捨てるくらいなら自分が引き取ってチーズを作ろうとしたのでした。

廃棄処分になる牛乳を買い取り，1億円をかけて工場を新設，カチョカヴァロの大量生産に踏み切りました。その結果，月に2,000万円の売上げに達したそうです。田中氏は，「ピンチの時が絶好のチャンスなんですよ」と言いました。

(3) ホエーによる養豚

捨てるものに目を付けた田中氏ですが，他にも目を付けたものがありました。その1つが，おからです。花畑牧場の近所に十勝大豆を作る場所があり，おからが毎日600kg出るそうです。

豆乳をたっぷり含んでいるので栄養満点なのですが，すぐに腐敗が始まるので1日も持ちません。それをもらってきて豚に食べさせることにしました。やわらかくて脂ののった甘い豚肉になると言います。

チーズを作るために牛乳をしぼった後にでるホエーと呼ばれる栄養満点の液体があるのですが，1日に3トンも排出されたと言います（2008年当時）。チーズになるのは，牛乳の1割で残りの9割がホエーだそうです。

そこにまた目を付けました。文献には，イタリアのパロマ地方では，そのホエーを豚に飲ませて最高の豚を作るとあります。そこで，田中氏は，イタリアのパロマ地方で養豚を営むAgricola La Razza（アグリコーラ・ラ・ラッツア）を訪れました。

そこの経営者，パオロ・ゾボリ氏が言うには，「パロマの豚は太っているほど，脂肪が厚く素晴らしい香りがします」とのことでした。そして，「ホエーを飲ませて育てた豚肉は，臭みがなく甘くなる」と言いました。その豚肉で，北海道十勝の豚丼や生ハム・ベーコン・ロースハムなどを作るのです。それを，全国のデパート駅弁大会に出したり，空港でも売ったりします。

「通常であれば，豚の相場を見て，それを参考にコストダウンを図ります。しかし，花畑牧場は違います。手塩にかけて育てるので，それだけの値幅をもらいます。豚の相場は，1頭3万5,000円から3万6,000円ですが，ここの豚は大

量生産をせずに手造りで安心ですから，1頭15万円から20万円になります。自信のあるものを出していくのです。利益率は，約30％になります」と田中氏はその経営方針を語りました。

（以上，新報道プレミア「花畑牧場特集」フジテレビ，2008年4月27日放送分などを参考にしました。なお，花畑牧場および田中義剛氏の公式見解ではないことにご留意ください）

(4) ヒットの法則の「普遍化」

2008年4月27日にフジテレビ系列で放送された「花畑牧場特集」では，「花畑牧場に見るヒットの法則」と題して7つの法則が紹介されていました。以下の7つです。

> **田中義剛氏が語るヒットの法則**
> （その1）　誰もやらないことをやる。
> （その2）　どれだけのサプライズが含まれているか（大きいほうがいい）。
> （その3）　食べて1秒で脳に響く味（「生キャラメルが何？　850円，キャラメルが？　何？　みたいな」田中氏談）。
> （その4）　ホワイトを制するものが北海道を制する（ホワイト生キャラメルのこと）。
> （その5）　モノには売れる舞台がある。
> （その6）　ピンチの時が最大のチャンス。
> （その7）　捨てるものにこそビジネスがある。

これらは，田中氏の発言から出た言葉ですが，私たちが学んでいる企業戦略の専門用語や専門知識に「翻訳」し直すと，どうなるでしょうか？

普遍化の必要性

なぜ，このような質問をするかと言うと，マスメディアでは，頻繁に「ヒットの法則」なるものが特集されます。しかし，果たしてどれだけ自分の扱う商品や事業に当てはめられるのか疑問だからです。

専門書の中には，これらの法則を普遍化した内容が書かれています。それを知らずに，マニュアル的な情報を追いかけるのは，手間暇とお金のムダのように感じます。必要なのは知識だけではなく，理論という知恵なのです。

普遍化された ヒットの法則

さて，上記の７つの法則を「専門用語」に「翻訳」して，「普遍化」してみましょう。

（その１） 誰もやらないことをやる。

これは，「市場細分化戦略」か「商品差別化戦略」の話です。「生チョコ」「生ビール」などの「"生"市場」において，「生キャラメル」という商品が存在しない市場を狙ったという意味では「市場細分化戦略」とも言えます。あるいは，「キャラメル」市場の中で他にはない特徴を打ち出したという意味では「商品差別化戦略」だとも言えます。

（その２） どれだけのサプライズが含まれているか（大きいほうがいい）。

（その３） 食べて１秒で脳に響く味（「生キャラメルが何？ 850円，キャラメルが？ 何？ みたいな」田中氏談）。

この２つは，商品コンセプトの話です。「驚き」「感動」を狙ったと言えます。「こだわり」「贅沢」などのキーワードも入ってきます。

（その４） ホワイトを制するものが北海道を制する（ホワイト生キャラメルのこと）。

これは，商品戦略の話です。拙著『Why（なぜ）を考える！ マーケティングの知恵』の第４章，１「商品」の節で触れていますが，商品の基本価値には，「機能・性能・効用・色・デザイン・ネーミング・ブランドなど」が含まれます。ホワイト生キャラメルで言えば，「色・ブランド」に当たる部分で，北海道のブランド色である「白」を商品特徴に持たせたことになります。

（その５） モノには売れる舞台がある。

これは，マーケティング・ミックスの「販売経路」「利便性」の話です。ただ，一般的には，どこでも入手できるのが望ましいのですが，手づくりで手間暇がかかっている高級志向商品をいう特徴をアピール

するため，ここでは希少価値を追求するという「スノップ効果」を狙い，販路を逆に絞っています。

（その6）　ピンチの時が最大のチャンス。
（その7）　捨てるものにこそビジネスがある。

　この2つは，経営資源（ヒト・モノ・カネ）の効率的な配分や管理という経営学や経済学の問題になります。カチョカヴァロやホエー豚を考えると，資源（ここでは，大量廃棄された牛乳，廃棄処分になるおから，チーズ製造の際に余るホエー）を無駄なく使おうとする思考が働いています。経済学や経営学では，「ムリ・ムダ・ムラ」をとても嫌います。その意味で，この場合は，「ムダ」に焦点を当てた生産戦略だと言えます。

いかがでしたか。このようにして，巷にあふれる情報を整理してみてください。最初は難しいとは思いますが，慣れれば，とても効率的で効果的な理論的思考が身に付くでしょう。

──┤✓│してみましょう────
　さて，先ほどの横浜ベイスターズの事例と同様に，以下の質問を考えて，経営戦略思考を確認しましょう。
　①　商品ライフサイクル上ではどのような位置にありましたか？
　②　その位置では，どんな方向へ進む選択肢がありましたか？
　③　その進行方向では，どのような成長戦略の可能性が考えられましたか？
　④　花畑牧場の経営資源のうち，手がけられるのは，どの部分でしたか？
　⑤　その部分は，商品-事業ポートフォリオでは，どの部分に当たりましたか？
　⑥　S・T・Pはどうでしょうか？
　⑦　商品コンセプトはどうなりましたか？
　⑧　マーケティング・ミックス（4P＆4C）はどうなりましたか？
　⑨　どのような顧客創造を行いましたか？

3 熱海温泉の戦略

　1980年代までは，熱海温泉といえば，新婚旅行や社員旅行の定番でした。東京から新幹線で40分という立地の良さから，長い間，繁盛していました。
　ところが，バブル崩壊後，景気が低迷し，それまでの団体客が中心だった客層が大幅に減り，ホテルや旅館が次々と廃業に追い込まれました。最盛期には300軒あった旅館やホテルも半数以下に激減したのです。
　当時の状況を見てみましょう（図表12-1）。縦軸に売上げや客数，横軸に年月を取るグラフは，商品ライフサイクルのグラフです。このグラフから言えることは，最盛期つまり成熟期を過ぎて衰退期あるいは停滞期に入ったということです。そのような時期に考えられる戦略は，撤退（＝廃業）か再活性化です。多くの旅館やホテルは，廃業を選択しました。
　しかし，残った旅館やホテルは，再活性化の道を模索しました。拙著『Why（なぜ）を考える！　マーケティングの知恵』の第5章（137～139頁）を参照していただけると分かりますが，その際に見直すべきものは，まず，ターゲット層と商品戦略です。そのターゲット層と商品戦略の見直しによって，再活性化

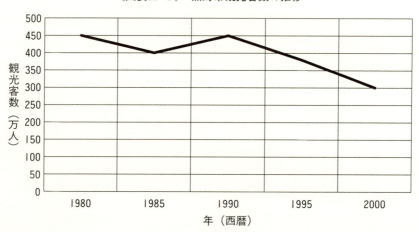

《図表12-1》　熱海市観光客数の推移

（出所）　めざましどようび「ハヤリ！スタリ！シタリ！」フジテレビ，2004年5月8日放送分より

を図り，見事に業績を伸ばしている旅館やホテルがあります。

以下でその3つの旅館やホテルを紹介したいと思います。

(1) 熱海シーサイドスパ&リゾートの事例

熱海シーサイドスパ&リゾートは，全室から相模湾を一望でき，豊富な湯量の自家源泉を持つ和風旅館で，1989年（平成元年）に開業しました。当時の宿泊料金は，泊り客1名当たり2万円で，ほとんどが団体客でした。

しかし，景気低迷の波を受けて，2001年（平成13年）に廃業に追い込まれました。しかしながら，経営方針を見直し，2003年（平成15年）にリニューアル・オープンするところまでこぎ着けました（**写真12-3**）。

その結果，平日はほぼ満席で，3カ月先まで予約で埋まっており，週末はキャンセル待ちという状態です。平均客室稼働率は，80％以上の高稼働率になりました。

当時の支配人は，「個人や女性向けで，なおかつ，気軽にご利用いただけるような営業展開ができないものかと考えて，和風旅館に朝食つきという（イギリ

《写真12-3》 全客室から海が一望できる熱海シーサイドスパ&リゾート全景

（写真提供） 熱海シーサイドスパ&リゾート

スのB&B：Bed & Breakfastにならった）T&B（Tatami & Breakfast）にしました」と言います。料金は，1人1泊5,500円（税込，2004年当時，2018年現在は，最低料金が6,800円）に設定しました。

　ターゲットは，少人数グループの家族，カップル，女性を中心にして，豪華な夕食はなし（その代わり，夜は熱海の街に出てもらい，好きなものを堪能してもらう），そして，朝はセルフサービスのバイキング方式に切り替えました。

　バイキングの内容は，幅広い年齢層に対応しており，海の幸など和洋42種類を用意しています。例えば，新鮮な地魚や健康志向にこだわった豆料理，煮物にも力を入れています。

　通常の旅館では，客室係がいて，布団の上げ下げも任せるのですが，リニューアル後は，宿泊客に自分で布団を敷くようにしてもらいました。宿泊客は，「子どもの好みもあるので，好きなものを食べに行ってもいいですし，布団も好きなように敷けるので良かったです」とセルフサービス方式に大賛成です。

人件費の削減

　ターゲットと商品戦略は決定しました。それでも，1泊5,500円にするには，さらなる経費削減が必要です。熱海シーサイドスパ＆リゾートでは，それまで人件費に年間1億円がかかっていました。それをどう削減するかが問題です。

　まず，徹底的な人員整理を行いました。それまで雇っていた板前（2人）・調理場（10人）・食事関係の接客係（15人）の計27名を整理し，すべて外部委託に変更しました。専属社員は，支配人と副支配人のみで，フロント・売店・カラオケスナックなどのすべての仕事は，契約社員とアルバイトでローテーションを組み回すことにしました。結果的に，60名ほどいたスタッフは，12名まで減らすことができたと言います。

官民一体の改革

　熱海の改革は，旅館やホテルの自助努力だけではありません。熱海という街を楽しんでもらうためには，熱海の街全体での取り組みも必要です。

当時の熱海市長，川口市雄氏は，「昔の熱海のイメージではなく，女性の皆さん

にもかわいがってもらおうと思い，ぜひ，変わりつつある熱海をお楽しみいただきたいと思います」と語りました。

　その街を挙げての改革の1つが，2003年に熱海駅の前にできた足湯です。熱海市が率先して建設し，温泉ムードを盛り上げます。女性客に人気で，「ありがたいですよね，無料で」と喜んでいます。

　また，熱海市と芸妓（げいぎ：芸子のこと）組合が共同で，「湯の花 芸妓の舞台」と開催することにしました。これまで観る機会がなかった女性客に人気です。舞台鑑賞と芸妓との写真撮影で1,300円（2004年当時）です。ある女性客は，「芸者さんをお座敷に呼んだら大変ですけれども，こんな値段でこれだけのものを観られて良かったです」と言います。

　さらに，1985年当時は，波消しブロックだけだった海岸線を，地中海をイメージしたお洒落な海岸に大変身させ（**写真12-4**），夜はブルーのライティングで砂浜をライトアップしたため，新しいデートスポットとしても人気が出ています。

　官民一体となった改革の結果，2004年のゴールデンウィーク中には，前年比20%増の9万人ほどが熱海を訪れました。1つの旅館やホテルだけで完結するのではなく，テーマパーク型の街を目指して成功したと言えるでしょう。

《**写真12-4**》　熱海市海岸風景

（写真提供）　熱海市

なお，官民一体で改革に取り組んだ例として，北海道の旭山動物園や，街全体として改革に取り組んだ熊本の黒川温泉なども挙げられます。調べてみてください。

(2) 熱海聚楽ホテル

男性中心の団体客が減ったとは言え，まったくいなくなったわけではありません。温泉に入り，「上げ膳据え膳」で豪華な食事を楽しみたいというお客もいます。そこにターゲットを絞ったのが，熱海聚楽（じゅらく）ホテルです。館内を覗くと，年配の男性客たちで賑わっています。年間3万人が宿泊します。

ここで提供される夕飯，「海の幸 和会席」は，豪華です。マグロの質を少しでも落としただけでも，お客の舌は正直で分かってしまうので，食事だけは，値下げをせずに質の良いものを提供します。

また，部屋付きの接客こそ日本旅館の文化だとして，部屋付きの接客係が20人います。熱海シーサイドスパ&リゾートとは異なり，人件費を削減することは基本的に考えていません。

客室係がいて豪華な食事が楽しめるとは言え，やはり，宿泊料はできるだけ抑えられるのも求められます。人件費や食事代以外で抑えられるものといえば，アメニティグッズです。

森田金清社長は，例えば，納入業者の1つである日通旅行ビジネスサービスの内山英夫さんと，歯ブラシの納入価格について交渉します。現在（2004年当時），13円50銭のものを9円50銭で購入できないかというものです。内山さんが用意した歯ブラシは3種類あり，9円50銭以外に12円のものと17円のものとがあります。利幅を考えると最も望ましいのは17円の歯ブラシですが，森田社長は，相当，手ごわいようです。

熱海聚楽ホテルには，以前は，古くから付き合いのある仕入れ先もあったのですが，このご時世にあってコスト削減は至上命題です。そのため，料金の折り合いがつかなければ，取引を止めることもあるそうです。コスト削減の中身は，図表12-2の通りですが，これだけの小さなコスト削減の積み重ねで，年間約2,000万円弱の経費削減に成功しました。

その結果，平日1泊2食付きで1万7,000円だった料金を，1万5,000円にま

《図表12-2》 アメニティなどの仕入れ価格削減額

品目＼値段	値下げ交渉結果	年間削減額
タオルセット	100円 ⇒ 50円	200万円
ひげそり	30円 ⇒ 15円	45万円
足袋（たび）	50円 ⇒ 47円	12万円
くし	35円 ⇒ 18円	68万円
はし	10円 ⇒ 4.8円	20万円
浴衣クリーニング代	65円 ⇒ 38円	108万円
館内清掃料	130万円 ⇒ 90万円	480万円
カラオケリース料（1ヵ月）	200万円 ⇒ 12万円	96万円

（出所） NNN今日の出来事「でき心」日本テレビ，2004年放送分より

で下げることができました（2018年現在では，最低料金が税込で1万3,500円，上限は4万6,440円まであります）。

(3) 秀花園 湯の花膳

　いわゆる「消費の2極化」時代の流れを読み，従来の2倍近い料金の値上げで，富裕層を狙った戦略を立てたのが，秀花園 湯の花膳です。その新しい客層を狙って，2000年12月に新館を増築しました。新館では，女性従業員だけではなく，男性従業員も和服でお客を迎え入れます。新館に入ったところから，おしゃれな演出をして，まるで別世界に来たような気分にさせてくれます。

　また，新館には，全部で11室ありますが，そのほぼ全室にプライベートの露天風呂が付いています（**写真12-5**）。テラスに備え付けてあるので，恋人たちであれば，完全に2人だけの空間を楽しみながら，海を眺めて贅沢な気分に浸れます。

　各部屋の入り口にも生け花が飾ってあり（館内では100ヵ所），丁寧なおもてなしで迎えます。室内も落ち着いて高級感があふれ，別世界のようです。

　フロント部長の溝口真士さんは，「サービスの質を向上させて，上を目指した

《写真12-5》 客室から海を臨む

（写真提供） 秀花園 湯の花膳

いという気持ちがあって，露天風呂つきの部屋を増築しました」と語りました。
　豪華なのは部屋だけではありません。部屋で出される料理（「花言葉の膳」）にはふんだんに豪華な食材が使われており，新鮮な魚の刺身や創作和食が高級感を醸し出しています。
　質の高い料理におしゃれな演出がされた部屋は，女性客を念頭に置き，それまでは少なかった若い層や新婚のカップルに人気だそうです。宿泊客は，「料理がおいしくて，サービスとお風呂があれば，お金の問題ではないという感じがして決めた」と言います。時代のニーズを先取りし，高級志向のカップルにターゲットを絞った戦略と言えます。
　現在の料金は，新館と本館を合わせると，1泊2日で，最低料金が1人1万3,200円（税込）から最高は4万5,200円（税込）までとなっています。

―――☑してみましょう―――
　これまでと同様に，3つの事例それぞれの経営戦略思考を確認しましょう。
　① 商品ライフサイクル上ではどのような位置にありましたか？

② その位置では，どんな方向へ進む選択肢がありましたか？
③ その進行方向では，どのような成長戦略の可能性が考えられましたか？
④ 経営資源のうち，手がけられたのは，どの部分でしたか？
⑤ その部分は，商品-事業ポートフォリオでは，どの部分に当たりましたか？
⑥ S・T・Pはどうでしょうか？
⑦ 商品コンセプトはどうなりましたか？
⑧ マーケティング・ミックス（4P&4C）はどうなりましたか？
⑨ どのような**顧客創造**を行いましたか？

　以上，横浜ベイスターズ，花畑牧場，そして，熱海温泉の旅館の事例を紹介してきました。各社の戦略は，そこで終わったわけではありません。その後も，経営環境やマーケティング環境などの変化に応じて，変化し続けています。

　各企業のホームページを見るだけでも，この10年以上で大きく変化しているのが見て取れます。どのように変わっているかを考えるだけでも，よいトレーニングになると思います。

　この章だけではなく，本書では，比較的分かりやすい戦略事例を紹介してきました。それだけ戦略の本質を摑みやすいとも言えるでしょう。実際の企業戦略は，もっと複雑ですから，ここに挙げた事例を理解すれば，より先に進めると思います。

　本章では，テレビ番組や雑誌記事，新聞記事なども参考にして，さまざまな企業戦略を分析してきました。マスメディアは，ビジネス情報の宝庫です。もちろん，実地見学や視察調査も忘れてはなりませんが，日々，身近に触れることのできるこれらの情報には，ビジネスのヒントがあふれています。

　それらが，単なる知識のレベルに留まるか，あるいは，自社の商品や事業に応用できるかは，それら情報をどれだけ普遍化できるかにかかっています。是非とも，専門書を片手に持ちながら，理論的な思考ができるようにトレーニングしてください。

《考えてみよう》

Q32 身近な商品（モノやサービス）や企業を取り上げて，その企業戦略を【チェックしてみよう】の項目に添って考えてみましょう。

あ と が き

　学問は，山登りに似ているところがあります。登りはじめは，足元の周りしか見えていません。それが，登り続けるうちに視野が広がり，周りの風景にも視野が広がってきます。それが，私にとっての経済学であり経営学なのです。
　企業経営に携わる方々にとっては，総合的な「企業経営学」が必要になります。企業でも，若いうちはさまざまな部署を経験させ，その上で，専門の部署に配属するという流れがあります。同じ意味で，マーケティングを学ぶにも企業全体の経営活動を知っておく必要があります。
　そのような問題意識から，本書では，まず企業経営に深く関連している学問や理論を結びつける試みをしてみました。それが成功しているのか，あるいは失敗に終わっているのかは，読者の判断を待つしかありませんが，試みる価値はあったと思います。

　また，１つの専門分野を長年にわたって研究し続けることの利点は，研究内容の幹・枝・葉が見えてくることです。若い内は，個々の知識を理解し吸収することに必死ですが，知識が蓄積されてくると，その根底に流れているものとそうでないものの区別が見えてきます。
　マーケティングで言えば，「顧客創造へ向けて，マーケティング・ミックスを駆使すること」が「幹」に当たる部分だと私は考えています。そのことに気づいたのは，遅いようですが，ここ10年にも満たないのです。
　同じように，経済学は，「（希少）資源の効率的な配分」「富の平等な分配」であると気づき，経営学は「経営資源の管理」が主な課題の１つであるとも気づきました。加えて，「経営"資源"」という言葉から，そこに経済学の「経営"資源"の効率的な配分」という考え方が適用できるということにも気づきました。
　もちろん，これらの言葉や知識は大学時代から知っていましたが，どの知識とどの知識が，幹・枝・葉の関係にあるのかがわかっていませんでした。他の研究者たちは，このことに早くから気づいており，取り立てて強調することではなかったのでしょう。一方，私は飲み込みが遅いので，そこのところがなか

なか理解できなかったのだと思います。

　そのような問題意識から，本書では，痒い所にも手が届くような説明を心がけたつもりです。果たして，皆さんの期待に応えられたでしょうか。

　私は，マーケティングの研究を生業にしています。ですから，自分の仕事もマーケティングできないといけないと考えます。例えば，不健康な医者よりは，自分の健康に気を配っている医者のほうが，説得力があるのと同じです（「医者の不養生」という言葉はありますが）。

　私の原稿を担当している納見伸之編集長がいる中央経済社は，私の「商品」である「原稿」をブラッシュアップし，その出版に際しては広告を打ち，書店の店頭には目立つ場所にこの本を置きます。まさに，マーケティング・ミックスを体現している出版社です。

　どんなに良い内容の原稿であっても，読み手の視点を入れることが，まず，大事です。マーケティング・ミックスで言えば，商品戦略（Product／Customer Value）に当たります。価格戦略（Price／Cost）も，読者の値ごろ感を誘う必要があります。そうしてできた本は，世の中に知らしめないと誰も気づきません，販売促進戦略（Promotion）の出番です。最後は，本の出版をアナウンスしたら，すぐに読者が入手できるように書店に置かなければなりません。販売経路（Place／Convenience）が，最後の課題になります。

　最後に，まず，前著と同様に，中央経済社の編集長，納見伸之氏には，本書の価値を高めるための助言をたくさんいただきました。素人考えを本のプロの目で厳しく見ていただき，感謝の念にたえません。ありがとうございます。

　また，たくさんの企業の方々が，本書で取り上げた商品画像やロゴなどの提供に協力してくださいました。昨今，情報の扱い方がデリケートになり，私の前著が出版された8年前よりも，商品画像の使用に敏感な企業が増えました。そのような中で，快く商品画像などを提供していただいた企業の方々に，この場を借りて，感謝の言葉を述べたいと思います。ありがとうございます。

2018年11月

著　者

企業（商品）名・人名索引

━━ 欧文・数字 ━━

- AKB48 ……………………………… 38
- GM（General Motors）…… 25, 33
- JINS ………………………………… 38
- KCJ GROUP 株式会社 …………… 151
- Le Bon Marché ………………… 71
- le reve vaniller ………………… 81
- Mizkan …………………………… 87
- PC 用メガネ ……………………… 38
- San-X Co., Ltd. ………………… 153
- SOYJOY …………………………… 170
- T 型フォード ……………………… 24

━━ あ ━━

- 秋元康 ……………………………… 40
- 熱海シーサイドスパ＆リゾート …… 221
- 熱海聚楽ホテル …………………… 224
- アダム・スミス … 6, 7, 17, 133, 134, 135
- アバター …………………………… 94
- アマゾン …………………………… 128
- イオン ……………………………… 117
- イケア ……………………………… 152
- 糸井重里 …………………………… 5
- 伊藤園 ……………………… 174, 180
- インスタグラム …………………… 165
- エクセルシオール カフェ …… 131, 157
- 大塚製薬 …………………………… 171

━━ か ━━

- 花王 ………………………………… 174
- カゴメ ……………………………… 72
- カチョカヴァロ …………………… 215
- カテキン緑茶 ……………… 174, 179
- 株式会社シライ …………………… 81
- キッザニア ………………………… 151
- キティ ……………………………… 153
- キヤノン …………………………… 38
- キャミソール・ワンピース ……… 80
- 黒烏龍茶 …………………… 174, 179
- 国富論 ……………………… 6, 17, 135
- コクヨ ……………………………… 23
- コトラー，フィリップ ……… 38, 54, 125

━━ さ ━━

- サントリー ………………… 174, 179
- シアトルズベストコーヒー …… 131, 157
- シフ，アンドラーシュ ………… 59, 68
- シャープ …………………………… 108
- ショップチャンネル ……………… 126
- 秀花園 湯の花膳 ………………… 225
- 除菌ジャバ ………………………… 107
- ジョンソン株式会社 ……………… 107
- スターバックス …………… 131, 156
- スターバックスコーヒージャパン … 157
- スタジオアリス …………………… 140
- すみっコぐらし …………………… 153
- セイコー …………………………… 129
- セブン＆i ………………………… 117
- セブン-イレブン ………………… 72

━━ た ━━

- ダイソンジャパン ………………… 110
- ダイソン掃除機 DC12型 ………… 110
- タリーズコーヒー ………… 131, 157
- チャップリン，チャールズ ……… 27
- ツイッター ………………………… 165
- ディズニー・リゾート …… 151, 156

テイラー，フレデリック ………… 24
デジタルカラー複合機………………… 108
東北楽天ゴールデンイーグルス…… 186
ドトール・コーヒー…………………… 132
ドラッカー，ピーター
　　……………………… 5,25,38,40,125

━━ な ━━

ナッシュ，ジョン………………… 132
なっとういち ………………………… 87
生キャラメル …………………… 17,212
ニトリ ……………………………… 69,152

━━ は ━━

ハーゲンダッツ…………………… 157
花畑牧場 ………………………… 17,212
ハリナックス ……………………… 23
ハルウララ……………………… 158
ビューティフル・マインド……… 132
フェイスブック………………… 165
フォード，ヘンリー ……………… 24
富士ゴムナース …………………… 51
プリクラ……………………………… 149
プリント倶楽部…………………… 149
ヘルシア緑茶……………………… 174

━━ ま ━━

マズロー，アブラハム…………… 4,149
ミラーレスカメラ ………………… 38
無印良品…………………………… 152
明治 ………………………………… 87,118
明治ミルクチョコレート ………… 87
モダン・タイムス ………………… 28
森永製菓…………………………… 118

━━ や ━━

野菜生活100……………………… 72
ユーチューブ……………………… 165
ユニー・イズミヤ・フジ………… 117
ユニバーサル・スタジオ・ジャパン
　　………………………………… 151
横浜DeNAベイスターズ………… 207
横浜ベイスターズ………………… 207

━━ ら ━━

ライン……………………………… 165
ラウターボーン,ロバートF. …… 162
リラックマ………………………… 153
ル・ボン・マルシェ ……………… 71
ローソン…………………………… 117
ロッテ……………………………… 118

事項索引

=== 欧文・数字 ===

2対8の法則 …………………… 104
4C …………………………… 162
4Kテレビ ………… 82,110,127,169
4P …………………………… 162
allocation …………………… 16
B to B ……………………… 119
B to C ……………………… 119
B2B ………………………… 119
B2C ………………………… 119
banner advertisement ……… 65
best seller ………………… 116
Business to Business ……… 119
Business to Consumer …… 119
buyer ……………………… 103
buying intention ………… 102
buying power……………… 102
C to C ……………………… 119
C2C ………………………… 119
CEO (Chief Executive Officer) …………………… 122
CFO (Chief Financial Officer) …………………… 123
CMO (Chief Marketing Officer) ………………… 67,123
Communication ………… 169,205
Consumer to Consumer …… 119
consumer ………………… 103
Convenience …………… 170,205
COO (Chief Operating Officer) …………………… 122
Cost ……………………… 168,204
custom-made …………… 119

Customer Solution ……… 167
Customer Value ………… 167,204
customer ………………… 104
database marketing ……… 128
demand …………………… 104
distribution ……………… 16
DM (Direct Mail) ………… 78,104
effective demand ………… 105
end users ………………… 103
ICT (Information and Communication Technology)
 …………………………… 128,137
imaginary demand ……… 105
IT (Information Technology)
 …………………………… 128,137
long seller………………… 116
made-to-order…………… 119
market …………………… 104
MR (Market Research, Marketing Research) ……… 52
NB (National Brand) …… 117
needs …………………… 104,105
NGO (Non-Governmental Organization) ………… 29,121
NPO (Non-Profit Organization) ………………… 29,121
one stop shopping ……… 73
one to one marketing
 …………………… 78,128,136
PB (Private Brand) ……… 117
Place …………………… 162,170,205
POP (Point Of Purchase)
 …………………………… 35,84
POP広告 …………………… 69

Positioning ………………………… 203
POS（Point Of Sales） ……… 57
POSシステム……… 57,86,89,90,118
potential demand …………… 105
Price ………………… 162,169,204
producer ……………………… 103
Product…………………… 162,167,204
Promotion …… 64,83,162,169,205
purchasing power …………… 102
real demand ………………… 105
Segmentation ………………… 203
seller …………………………… 103
SNS（Social Networking Service）………………… 61,66,67,165
S・T・P ………………………… 203
supplier ………………………… 103
SWOT分析……………………… 184
Targeting……………………… 203
ultimate consumers ………… 103
user …………………………… 103
wants ………………………… 105

━━あ━━

飽き……………………………… 193
アンケート ………………… 55,210
安心……………………………… 146
安全……………………………… 146
意思決定………………………… 23
意思疎通………………………… 169,205
委託販売………………………… 86
市場（いちば）… 10,11,72,73,104,126
一方向…………………………… 83
イノベーション ………………… 19
癒し………………………… 62,146
インフォームドコンセント（informed consent）…………… 168
ヴェブレン効果……………… 111,154
ウォンツ………………… 106,110,125

失われた10年…………………… 159
失われた20年………………… 37,159
売り……………………………… 156
売り切れ…………………… 86,89
売り手……………………… 7,8,11,103
売れ筋商品……………… 57,86,116
売れ残り…………………… 86,89
営業…………………… 32,42,82
営業時間……………………… 166,170
営業・販売……………………… 122
営業販売部……………………… 42
オーダーメイド………… 118,128,136
お洒落………………………… 152
お試し……………………… 66,165
お得意様……………………… 104
思い出…………………………… 149
オンリーワン………………… 131,135

━━か━━

カード・システム ……………… 58
会計学…………………………… 24
買い手……………………… 7,8,11,103
買い取り………………………… 86
外部環境……………………… 184
買回り品………………… 114,166
買う気分………………… 79,163
価格 ……………… 68,168,169,204
価格交渉……………………… 127
価格戦略……………………… 162,163
価格破壊………………………… 94
拡大再生産………………… 17,199
過剰在庫……………………… 116
価値共創……………………… 120,130
家内制手工業………………… 6,21
カネ…………………………… 24
金のなる木…………………… 184
神の見えざる手………………… 7
仮需要………………………… 105

勘	89
感覚表現の計量化	210
関係性取引	127, 130
観察	52, 56
間接取引	75
完全情報	66
感動	62, 146, 191, 193, 195, 203, 209, 210, 218
カンバン方式	137
管理	130, 198, 214, 229
管理論	24
機会損失（チャンスロス）	90, 124
企画営業	49
企画開発部	42
聞き上手	83, 84
企業目線	162
技術研究部	30
既製品	119
喫茶店	131
規模の経済	19, 75
基本価値	79, 162
客	104
キャッチコピー	177
供給	7, 32
供給者	8, 10, 11, 12, 103
供給超過	8
競争戦略	34
銀行論	43
空間の調整	13
苦情	55
具象	99
具体	99
口コミ	61, 66, 67, 165
クレジット・カード	164
黒電話	33
経営学	198
経営資源	24, 29, 30, 123, 130, 198, 200, 214, 219, 229

経験	99
経験曲線	21
経験曲線効果	20
経済活動	5, 6
経理	122
経理部	30
ゲーム理論	132, 136
健康	147
現場感覚	93
交換	6, 112
広告宣伝	32, 42, 64, 66, 69, 82
広告宣伝・広報	122
広告宣伝広報部	42
交渉型取引	127
工場制機械工業	6, 21, 24
工場制手工業	6, 21
購買意欲	102
購買管理	122
購買管理部	42
購買管理論	24
購買機会	69, 165, 170, 206
購買時点（POP）	35
購買者	103
購買力	102
広報	60, 64, 66, 69, 82
顧客	104
顧客価値	167, 204
顧客感動	194
顧客起点の経営学	130
顧客志向の経営学	33, 130
顧客始点の経営学	33, 130
顧客創造	38, 40, 41, 42, 123, 124, 130, 131, 161, 200, 229
顧客満足	125, 194
顧客目線	162, 168, 170, 197
顧客目線の経営	67
顧客目線の経営学	33, 130
顧客問題解決	167

コスト	168, 204
こだわり	148, 218
コト	28, 151, 152
御用聞き	32
コンビニ	73

さ

サービス	112, 120
財	112
最高経営責任者（CEO）	122
最高財務責任者（CFO）	123
最高執行責任者（COO）	122
最高マーケティング責任者（CMO）	67, 123
在庫管理	166
最終需要者	12
最終消費者	103, 119
最大多数の最大幸福	10, 135
最適在庫	89, 116
細分化市場（segmented market）	136
財務	122
財務部	30
財務論	24
産業革命	6, 17, 24
サンプル	66
試飲	66, 165
時間の調整	13
事業承継	19
事業の定義	137, 167
試供品	66, 165
刺激-反応型取引	126
資源	3, 117, 130, 198, 219
資源の効率的な配分	10, 15, 30, 66, 116, 198, 229
市場（しじょう）	10, 11, 72, 73, 104, 126
試乗	66, 165
市場開拓	183, 202
市場細分化	203
市場細分化（market segmentation）	136
市場細分化戦略	131, 135, 136, 218
市場浸透	183, 202, 211
市場調査	32, 42, 52, 54, 122
市場調査部	42
市場の調整機能	12
市場の連鎖	11
試食	66, 165
試着	165
試聴	165
実需要	105
品切れ	166
品揃え	13, 87, 89, 116
死に筋商品	57, 86, 116, 124
支配	5
支払い手段	164
社内のコミュニケーション	93
周辺価値	79, 163
主客一体	120
主客共創	121
需給曲線	7, 11
需給均衡点	7, 11, 12, 14, 89, 135
需要	7, 31, 32, 104, 126
需要者	8, 10, 11, 12
需要戦略	33, 210
需要超過	10
種類の調整	13
商学	43
商圏	32
使用権	112, 113
常識	54, 61
使用者	103
上得意（客）	104
上得意様	104
承認欲求	149

消費財	119	数量の調整	13
消費者	8, 103, 126	数量割引	20
消費社会	36	スノッブ効果	111, 214, 219
消費者起点の経営学	166	生産管理	122
消費者志向の経営学	166	生産管理論	24
消費者視点の経営学	166	生産計画	33
消費者の集合	104, 136	生産財	119
消費者目線	162, 166, 193	生産者	8, 103
消費の外部性	111	生産製造部	30
消費は美徳だ！	36	成熟期	182
商品	68, 112, 130, 204	贅沢	154, 218
商品価格	69, 94, 205	成長期	182
商品価値	69, 94, 163, 204	成長戦略	183, 202
商品企画開発	42, 46, 82, 85, 122	製品コンセプト	139
商品コンセプト	139, 167, 191, 195, 203, 204, 218	製品-事業ポートフォリオ・マネジメント	183
商品差別化	204	製品ライフサイクル	182
商品差別化戦略	131, 134, 135, 136, 162, 218	セグメンテーション	203
		セミ・オーダーメイド	128
商品-事業ポートフォリオ・マネジメント	183, 200	セルフサービス	76, 85
少品種大量生産	25, 118	潜在需要	105
商品情報	69	センス	89, 95
商品（製品）開発	183, 202	専門品	114, 166
商品（製品）戦略	162, 183, 218	専門用語	101, 102, 217
商品ライフサイクル	182, 200, 220	双方向	83
情報	69, 95, 123	総務部	30
情報探索費	169	外回り	32
情報入手費	169		
所有権	13, 112, 113	━ た ━	
新規客	128	ターゲット	136, 190, 204
人事	122	ターゲティング	203
人事管理論	24	第6次産業	212
人事部	30	大企業	18
人的資源管理論	24	大企業病	21
信頼・信用	83	対面販売	76, 85
衰退期	182	大量生産	118
スーパーマーケット	73, 76, 85	大量陳列	179
		ダイレクトメール（DM）	78, 104

多角化	202
多品種少量生産	25, 118, 137
単品管理	58
単品レベル	57
抽象	99
中小企業	18
直接取引	74
直感	95
陳列	69, 86
追尾型の市場調査	58
通信販売会社	126
つながり	149
提案	84
提案上手	83
定番（品）	115
テイラー・システム	24
データ・サイエンティスト	28
データベース	78
データベース・マーケティング（database marketing）	128
テーマパーク	151, 190, 223
手軽さ	144
適正在庫	116
デパート	71
デビット・カード	164
電子マネー	164
電子メール	65
店内広告（POP）	84
導入期	182
得意客	104
特徴	100
特保（トクホ：特定保健用食品）	147, 174, 177
富	130, 198
富の平等な分配	15, 229
取引数単純化の原理	74
取引戦略	35, 188
問屋制手工業	6, 21

== な ==

内部環境	184
ナショナル・ブランド（NB）	117
納得	65, 78, 169
ナンバーワン	131, 134, 135
ニーズ	104, 106, 110, 125

== は ==

バーコード	57, 118
売買	6, 10, 13, 112
配分	16
バイヤー	42, 82, 122
バナー広告	65
花形	184
バブル景気	37
バブル崩壊	37, 159
パレートの法則	104
バンドワゴン効果	111, 149
販売	82
販売員	82, 85
販売機会	23, 165
販売経路	214, 218
販売時点情報管理システム（POS）	57
販売促進	169, 205
販売促進戦略	64, 83, 162, 164
ヒアリング	55
非営利組織（NPO）	29, 121
比較	100
非常識	54
非政府組織（NGO）	29, 121
ビッグ・データ	28, 58
ヒット商品	116
ヒト	24
人の調整	13
非日常体験	150, 209
百貨店	72, 73, 75, 76, 85

美容サンダル ………………… 51
表示価格……………………… 164
美容室…………………………… 129
標的市場（target market）… 136
標本調査 ……………………… 90
不足在庫……………………… 116
付帯価値……………………… 163
普遍化 ……… 99,187,197,217,218,227
プライベート・ブランド（PB）… 117
プリペイド・カード…………… 164
ブルーオーシャン………… 131,135,136
フルモデルチェンジ…………… 183
ブログ ……………………… 66,165
プロモーション……………… 64,65
雰囲気………………………… 79,163
分配 …………………………… 16
平成不況 ……………………… 37
ベストセラー………………… 116
ポイントカード ………………… 58
法務部………………………… 30
ボールパーク…………………… 190
保管…………………………… 120
保険論………………………… 43
ポジショニング………………… 203
保存…………………………… 12,13,120

═ ま ═

マーケット・リサーチ …………… 32
マーケティング環境…………… 184
マーケティング思考………… 124,125
マーケティング脳……………… 123
マーケティング部（課）………… 42
マーケティング・マインド………… 125
マーケティング・ミックス
 …………… 130,161,200,204,229
マーチャンダイザー ………… 42,122
マイナーチェンジ……………… 183
マクロ経済学………………… 11,15

マスコミ ……………………… 61
ミクロ経済学………………… 11,15
無形財………………………… 112,113
無体財………………………… 112,113
メンバーズカード ……………… 58
モニター調査 ……………… 52,53,55
モニタリング…………………… 52,55
モノ……………… 24,28,112,120,151
最寄り品……………………… 114,166
問題児………………………… 184

═ や ═

有形財………………………… 112,113
有効需要……………………… 105
有体財………………………… 112,113
輸送…………………………… 12,13
よい組織の条件 ……………… 27
予測型の市場調査 …………… 58
欲求…………………… 102,105,125
欲求階層論…………………… 4,149

═ ら ═

リピーター……………………… 128
利便性…………… 170,174,205,218
流通経路 ……… 32,170,174,177,205
流通経路戦略………………… 162,165
流通論………………………… 43
零細企業 ……………………… 18
レッドオーシャン………… 131,135,136
労務…………………………… 122
労務管理論…………………… 24
ロングセラー…………………… 116

═ わ ═

ワン・ストップ・ショッピング… 73,74
ワン・トゥ・ワン・マーケティング
 ………………………… 78,128,136

《著者紹介》
池田　信寛（いけだ　のぶひろ）
1960年生まれ。神戸大学経営学部卒業。同大学院経営学研究科博士課程商学専攻単位取得満期退学。1986年から1988年まで，および，1998年から1999年までの2度に亘りパリ高等商業大学（École Supérieure de Commerce de Paris）に交換留学生および客員研究員として留学。現在は，追手門学院大学経営学部教授。専攻は，マーケティング論。

Whyを考える！
マーケティングの力

2018年12月10日　第1版第1刷発行

著　者　池　田　信　寛
発行者　山　本　　　継
発行所　㈱中央経済社
発売元　㈱中央経済グループ
　　　　パブリッシング

〒101-0051　東京都千代田区神田神保町1-31-2
　　　　　　電話　03（3293）3371（編集代表）
　　　　　　　　　03（3293）3381（営業代表）
　　　　　　http://www.chuokeizai.co.jp/
　　　　　　印刷／昭和情報プロセス㈱
　　　　　　製本／侑井上製本所

© 2018
Printed in Japan

＊頁の「欠落」や「順序違い」などがありましたらお取り替えいたしますので発売元までご送付ください。（送料小社負担）
ISBN978-4-502-28701-5　C3034

JCOPY〈出版者著作権管理機構委託出版物〉本書を無断で複写複製（コピー）することは，著作権法上の例外を除き，禁じられています。本書をコピーされる場合は事前に出版者著作権管理機構（JCOPY）の許諾を受けてください。
JCOPY〈http://www.jcopy.or.jp　eメール：info@jcopy.or.jp　電話：03-3513-6969〉

ベーシック＋プラス
Basic Plus

 ミクロ経済学の基礎
 マクロ経済学の基礎
 経営学入門
 経営管理論

 財政学
 公共経済学
 企業統治
 技術経営

 金融論
 金融政策
 人的資源管理
 国際人的資源管理

 日本経済論
 地域政策
 消費者行動論
 物流論

いま新しい時代を切り開く基礎力と応用力を兼ね備えた人材が求められています。
このシリーズは，各学問分野の基本的な知識や標準的な考え方を学ぶことにプラスして，一人ひとりが主体的に思考し，行動できるような「学び」をサポートしています。

Let's START!
学びにプラス！
成長にプラス！
ベーシック＋で
はじめよう！

中央経済社